Wolfgang Schmidt

Die Führungsakademie der Bundeswehr als historischer Ort

WOLFGANG SCHMIDT

Die Führungsakademie der Bundeswehr als historischer Ort

EIN GESCHICHTLICHER STREIFZUG DURCH 100 JAHRE

EDITION GEZEITEN KJM

Schriften zur norddeutschen Kultur und Geschichte
Bd. 5

November 2020

Simrockstr. 9a, 22587 Hamburg
www.kjm-buchverlag.de
ISBN 978-3-96194-119-3

Satz, Gestaltung, Cover: Svenja Wiese, Hamburg
Cover unter Verwendung: FüAkBw, Feuerwehr Hamburg,
Staatsarchiv Hamburg, Sinatur 136-1_561
Herstellung: Eberhard Delius, Berlin
Korrektorat: Rainer Kolbe, Hamburg
Druck & Bindung: Beltz Grafische Betriebe, Bad Langensalza

Mehr zu den Büchern des KJM Buchverlags:
www.kjm-buchverlag.de

Inhalt

Grußwort

Seit mehr als 60 Jahren hat die Führungsakademie der Bundeswehr ihren Sitz in Hamburg-Blankenese. In diesem Zeitraum haben nahezu alle Offiziere im Generalstabs-/Admiralstabsdienst der Bundeswehr sowie zahllose Offiziere anderer Nationen hier ihre Aus-, Fort- und Weiterbildung erfahren.

Dabei verfügt die Clausewitz-Kaserne als Begegnungsstätte auch des zivil-militärischen Dialogs über eine besondere historische Qualität. Die unterschiedlichen Gebäude führen uns in verschiedene Epochen der deutschen Geschichte, auf mancher Strecke verbunden mit der Geschichte von Hamburg und Blankenese. Das Wissen um diesen historischen Ort soll jedoch nicht nur im Rahmen unserer Bildungsarbeit auf die zukünftige Führungsgeneration der Bundeswehr beschränkt bleiben. Mit der vorliegenden Publikation wollen wir außerdem unserer Nachbarschaft in Blankenese sowie einer weiteren interessierten Öffentlichkeit die Möglichkeit eröffnen, einen tieferen Einblick in Geschehnisse zu eröffnen, die sich auf unserem Gelände seit mehr als hundert Jahren zugetragen haben.

Ich bin dem Förderkreis Historisches Blankenese e. V. sehr dankbar, dass wir diese im Rahmen unserer historischen Bildungsarbeit entstandene Studie nun gemeinsam herausgeben können.

Ich wünsche allen Leserinnen und Leser viel Freude bei der Lektüre.

Kommandeur der Führungsakademie der Bundeswehr

Ein historischer Ort

Im Sommer ist das Klima in Hamburg für derartige Lehrgänge wesentlich erträglicher.

Mit diesen Worten warb die Freie und Hansestadt Hamburg 1957 darum, Zentrum für die Ausbildung zukünftiger Offiziere im Generalstabsdienst der Bundeswehr zu werden. Es sei einmal dahingestellt, ob dieses Argument am Ende ausschlaggebend dafür gewesen ist, dass die Führungsakademie der Bundeswehr (FüAkBw) am 23. Oktober 1958 den Dienstbetrieb in Blankenese aufgenommen hat. Konkurrenten gab es damals genug. Heidelberg und Bad Ems rangen ebenfalls ernsthaft darum.

Die sechs Jahrzehnte währende Stationierung der höchsten militärischen Bildungseinrichtung der Bundeswehr in Hamburg bot im Jahr 2018 einen willkommenen Anlass, nicht nur der Frage nachzugehen, warum die FüAkBw ihren Platz hier gefunden hat. Diese Tatsache lud auch dazu ein, den historischen Ort etwas genauer zu erforschen, an dem nahezu alle Offiziere im Generalstabsdienst ihre zum Teil mehrjährige Ausbildung erhalten haben. So will diese Schrift zudem beitragen, einer interessierten Öffentlichkeit einen Einblick in die Geschichte dieses seit Jahrzehnten militärisch genutzten Geländes zu geben.

Die Führungsakademie der Bundeswehr verfügt als historischer Ort über eine höchst bemerkenswerte Qualität. Der hier belebte Raum führt uns über seine Gebäude in verschiedene Epochen der deutschen Geschichte, verbunden auch mit derjenigen von Hamburg und Blankenese. Ganz im Sinne von »Streifzügen« versucht diese Schrift mit Hilfe der hier sichtbaren Bauten als Vermittlungsinstanz einen Teil dessen, was sich auf diesem Gelände seit gut 100 Jahren zugetragen hat, etwas aufleben zu lassen. Dabei geht es nicht um eine Geschichte der Führungsakademie insgesamt oder um die Geschichte der Generalstabsausbildung der Bundeswehr, mit der die Führungsakademie beauftragt ist. Hier richtet sich der Blick vor allem auf die Anfangszeit der Akademie in Hamburg. Die Entwicklung des Geländes spiegelt zuweilen paradigmatisch auch die deutsche Geschichte des 20. Jahrhunderts wider.

Wohl aber ist im Sinne des Bildungsauftrages der Akademie beabsichtigt, das Wissen um die Historizität jenes Raumes zu heben, in dem wesentliche Grundlagen für die zukünftige Führungsgeneration der Bundeswehr gelegt werden. Damit kann auch generell die Kompetenz gehoben werden, Historisches bei aktuellen Problemlösungen mit zu berücksichtigen.

Jüdisches Vermächtnis – bürgerliches Leben in der Villa Plaut

Blankenese wird Villenkolonie

Bis weit in das 19. Jahrhundert prägten Natur und Landwirtschaft die Flächen zwischen den Dörfern Nienstedten, Dockenhuden und Blankenese.[1] Nur mehr zu einem kleineren Teil bestand die Einwohnerschaft des Dorfes Blankenese zu dieser Zeit noch aus Fischern, Lotsen und Kapitänen. Beginnend im 17. Jahrhundert, dann immer mehr zum Ende des 18. Jahrhunderts siedelten sich reiche Hamburger oder Altonaer Patrizierfamilien – meist Bankiers, Handelsherren und Reeder – auf den Höhen des Geesthanges am Rande des ursprünglichen Hangdorfes an. Sie zogen aus ihren Wohn- und Kontorhäusern in der Enge der noch von barocken Befestigungen umgebenen Stadt in das Umland und ließen sich Villen und Landhäuser nach italienischem oder englischem Vorbild bauen. Zunächst wohnte man überwiegend nur in den Sommermonaten in den herrschaftlichen Anwesen auf oftmals riesigem Grundbesitz und verbrachte ein der Zeit gemäßes feudales Leben mit Jagd und Geselligkeit. Im Einklang mit dem in fast ganz Europa vorkommenden neuen Stil um 1800 entstanden klassizistische Villae Suburbanae, die sich in den grünen Wiesen und Wäldern »wie weiße Würfel« ausnahmen.[2] Die Ansammlung des Typus der sogenannten Weißen Villen auf dem Land westlich der Stadt Altona suchte seinerzeit ihresgleichen.

Die politischen, ökonomischen und sozialen Umwälzungen in Deutschland namentlich ab der Mitte des 19. Jahrhunderts induzierten schließlich einen Entwicklungsschub mit nachhaltigen Veränderungen auch für die Gemarkungen um Blankenese. Lebten um 1850 etwa 200.000 Einwohner in oder am Rande der immer noch durch den Wallring definierten Stadt Ham-

1 Allg. z. Geschichte v. Blankenese vgl. Wolf Achim Wiegand, Hamburg-Blankenese im Wandel, Erfurt 2012. Das Dorf Dockenhuden wurde 1919 nach Blankenese eingemeindet, weshalb nur von Blankenese die Rede ist.

2 Olaf Bartels, Eine hamburgische Landhausarchitektur, in: Hans Bunge u. Gert Kähler (Hrsg.): Villen und Landhäuser, München u. Hamburg 2012, S. 97–113, hier S. 97.

burg, war am Ende des 19. Jahrhunderts zusammen mit den Vorstädten die Marke von 700.000 erreicht.[3] Mit der Bevölkerungszunahme, dem weiteren ökonomischen Aufschwung nach der Eingliederung Schleswig-Holsteins als Folge des Deutschen Krieges im Jahr 1867 in das Königreich Preußen bzw. in den Deutschen Zollverein sowie dem 1889 erfolgten Beitritt Altonas und Hamburgs zum Wirtschaftsgebiet des Deutschen Reiches ging freilich eine soziale Segregation einher. Wer es sich aus dem groß- und zunehmend auch mittelbürgerlichen Milieu leisten konnte, entzog sich den innerstädtischen Wohnquartieren und orientierte sich hin zu den Vorstädten oder darüber hinaus auf das Land. Ein bei nahezu allen prosperierenden Städten Deutschlands in dieser Zeit beobachtbarer Vorgang. Die sozioökonomischen Verhältnisse setzten bei steigender Nachfrage hier eine Bodenspekulation in Gang, welche Terrain- oder Immobiliengesellschaften befriedigten, indem sie große Areale westlich von Altona aufkauften, sie entsprechend den Kapitalverhältnissen der bürgerlichen Käuferschicht parzellierten, um sie entweder mit oder ohne Bebauung an diese weiterzuverkaufen. Die »Villenanlage Hochkamp« zwischen Blankenese und Nienstedten verdeutlicht diesen Prozess eindrucksvoll.[4]

Voraussetzung für den vermehrten Zuzug bürgerlicher Schichten war jedoch die Gewährleistung einer nachhaltigen Infrastruktur, mit der sich gleichzeitig Wohnen auf dem Land und Arbeiten in der Stadt verbinden ließ. Die Erfindung der Eisenbahn, als Instrument dramatischer Beschleunigung nahezu aller Lebensumstände eine Ikone des 19. Jahrhunderts, sollte dies ermöglichen. Seit 1867 verband eine von der Altona-Kieler Eisenbahn-Gesellschaft eingerichtete Bahnlinie die Stadt Altona mit dem Dorf Blankenese, die ab 1883 bis nach Wedel verlängert wurde. Mit der 1898 elektrifizierten Strecke und der 1899 errichteten Station Hochkamp hatte die Gesellschaft auf die Parzellierung der großen Areale reagiert und somit eine intensive, dauerhafte Besiedlung erst realisierbar gemacht. Zur Vorortbahn war ab 1895 schließlich noch eine elektrische Straßenbahn auf der Elbchaussee gekommen, die bis zur Einstellung des Betriebs im Jahre

3 Allg. z. Geschichte v. Hamburg vgl. Werner Jochmann u. Hans-Dieter Loose, Hamburg. Geschichte der Stadt und ihrer Bewohner, 2 Bde., Hamburg 1986.

4 Vgl. Uwe Bahnsen u. Gisela Schütte, Bewahrung im Wandel. 125 Jahre Villenanlage Hochkamp. Ein Jahrhundert Verein Hochkamp e. V., 2018.

1921 ebenfalls Altona und Blankenese miteinander verband. In der Nähe der auch repräsentativen Vorortbahnhöfe wie etwa in Blankenese mit seiner vornehmen und eleganten historisierenden Schauseite zum Dorf siedelten sich daher zahlreiche bürgerliche, begüterte Familien an.

Die vertikale gesellschaftliche Segregation im Zusammenhang mit der intensiveren Besiedelung der nördlichen Blankeneser Gemarkung ab dem letzten Drittel des 19. Jahrhunderts führte aber nicht allein zu räumlichem wie sozialem Abstand eines Teils des Bürgertums von der überwiegend proletarischen Mehrheit der Einwohnerschaft Hamburgs. Beispielsweise wurden familiäre Bindungen zumeist nur innerhalb des eigenen Milieus unter dem Gesichtspunkt des »Standesgemäßen« eingegangen. Zudem legte man großen Wert darauf, den gesellschaftlichen Rang, die Zugehörigkeit und die Stellung innerhalb der jeweiligen Gruppe durch soziale Distinktionsmerkmale nach außen sichtbar werden zu lassen. Zugleich setzte die Villa Suburbana oder das Landhaus jetzt die Trennung von Wohnen und Arbeiten voraus. Die Eigentümer bzw. die männlichen Haushaltsvorstände als in der Regel die Ernährer der Familien fuhren zur Arbeit in die Stadt, womit auch eine horizontale soziale Differenzierung zwischen den Geschlechtern einherging. Die nunmehr getrennten Sphären des Wohn- und des Arbeitsortes bezeichneten zwei unterschiedliche Lebensformate: das »der Repräsentation und das einer neuen ›Innerlichkeit‹, die im Rückzug auf die Familie, im Leben innerhalb einer gestalteten Landschaft, im demonstrativen Rückzug aus der Stadt ablesbar ist.«[5]

Auch wenn die Grundstücke kleiner geworden waren, so wurden die Häuser ab dem letzten Drittel des 19. Jahrhunderts größer gebaut als unter der ersten Besiedelung um 1800. Architektonisch setzten die Bauherren bei den Fassaden vermehrt auf Repräsentation nach dem neuesten Geschmack. Klassizistische Formate wichen zunehmend einem historisierenden Eklektizismus mit Bezug auf die Neorenaissance, denen sich um 1900 Elemente des Neubarocks zugesellten, schrittweise kompiliert mit einem Repertoire aus Jugendstil und regionalen Bautraditionen oder was man dafür hielt. In relativ kurzer Zeit bildete sich im Bereich der westlichen Elbvororte Altonas ein gestalterisch dichtes und sozial ziemlich harmonisches Lebensumfeld

5 Gert Kähler, Skizzen zu Politik und Gesellschaft in den Elbvororten 1900 bis 1935, in: Hans Bunge u. ders.: Villen und Landhäuser 2012, S. 7–25, hier S. 19.

heraus, ein »Kompromiss zwischen dem städtischen und dem feudal-ländlichen Leben. Das Suburbane bekam eine neue – von der antiken unabhängige – Bedeutung. Ein Haus mit einem wohlgestalteten Hausgarten konnte das Leben im Einklang mit der Natur bieten.«[6] Gleichsam paradigmatisch für einen Gutteil der vorgenannten Aspekte stehen die sogenannte Villa Plaut und – wenigstens für ein paar Jahrzehnte im 20. Jahrhundert – auch ihre ehemaligen Bewohner auf dem jetzigen Gelände der FüAkBw. Die politischen Entwicklungen legten dann freilich einen dramatischen Schatten auf dieses Bild.

Die Familien Plaut und Liebeschütz

Im Zuge der Baulanderschließung in den 1890er Jahren hatte die Stadt Hamburg das Areal um die spätere Villa erworben, dann an die jüdische Gemeinde weiterverpachtet. Hamburg und Altona zählten im 18. und 19. Jahrhundert zu den Zentren jüdischen Lebens in Deutschland.[7] Lebten um 1800 hier etwa 6000 jüdische Menschen, so stieg deren Zahl bis zum Ende des 19. Jahrhunderts auf etwa 14.000 an. Mithin entsprachen diese etwa vier Prozent den 350.000 Einwohnern Hamburgs. Wobei die jüdische Gemeinde neben Hamburg auch die selbstständigen Gemeinden Altona, Wandsbek und Harburg einschloss. Auf die politische und soziale Gleichberechtigung gegenüber der christlichen Bevölkerungsmehrheit hatten diejenigen Juden, die nach Emanzipation von ihrer oft randständigen gesellschaftlichen Stellung strebten, nach ersten Hoffnungen während der napoleonischen Besetzung Hamburgs zu Beginn des Jahrhunderts aber lange warten müssen. Erst im Nachgang des Revolutionsjahres von 1848 gestand man den Hamburger Juden 1849 das Wahlrecht zu.

Bis 1848 hatte kaum ein Staat im Deutschen Bund die volle gesetzlich verankerte Emanzipation der Juden verwirklicht. Und auch in den Jahren danach mussten die Juden erfahren, dass die zugestandene verfassungsmäßige Gleichberechtigung mehr auf dem Papier als in der Wirklichkeit be-

6 Bartels, Landhausarchitektur, S. 99.

7 Vgl. Das jüdische Hamburg. Ein historisches Nachschlagewerk, hrsg. v. Institut für die Geschichte der deutschen Juden (http://www.dasjuedischehamburg.de; Zugriff am 17.6.2020).

stand. Die hamburgische Verfassung von 1860 machte sie schließlich zwar zu vollständig gleichberechtigten Bürgern, wobei auch hier davon ausgegangen werden muss, »dass es sich bei der Emanzipationsgesetzgebung in den meisten deutschen Staaten lediglich um die Gewährung individueller Staatsbürgerrechte gehandelt hat – eine Politik also, die den Menschen, aber nicht den Juden emanzipieren wollte«.[8]

Trotz Hindernissen vollzog sich ein allmählicher Angleichungsprozess der Juden an die christlich-deutsche Umwelt, der mit den Stichworten wie Individualisierung, Säkularisierung und Eindeutschung beschrieben werden kann. Der Eintritt der Juden in das deutsche Bürgertum war einer der Faktoren dafür. Die in Ballungsräumen wie Berlin und Hamburg lebende jüdische Minderheit ragte dann durch einen beachtlichen sozialen Aufstieg mit zumeist höherem Bildungsgrad aus der Gesamtgesellschaft hervor. Neben dem traditionellen Erwerbszweig des Handels eröffneten sich mit der Emanzipation neue Berufsfelder – namentlich in den freien Berufen wie der Medizin, der Jurisprudenz, aber auch in der Wissenschaft und im Kultus. Gleichwohl blieben ihnen Karrieren in bestimmten Berufen wie etwa die Beamten- oder Militärlaufbahn weitgehend verwehrt.

Aus der Veränderung des Tätigkeitsprofils resultierte der kontinuierliche soziale Aufstieg in den entstehenden bürgerlichen Mittelstand hinein. Während um die Mitte des 19. Jahrhunderts noch etwa die Hälfte der deutschen Juden als arm galt, lag die Prekariatsquote 1871 bei nur noch 25 Prozent. Auch in Hamburg zählten ab dem beginnenden Kaiserreich etwa zwei Drittel der jüdischen Bevölkerung von Berufsstruktur, Einkommen und Habitus zum Bürgertum. Damit einher ging eine Binnenmigration; lebten bislang drei Viertel der jüdischen Familien innerhalb weniger Straßenzüge in der Hamburger Alt- und Neustadt, zogen die Wohlhabenderen nunmehr nach Rotherbaum, Harvestehude, Eppendorf und auch in die neu erschlossene Villengegend westlich Altonas, Ausweis eines sozialen Akkulturationsprozesses.

Zu dieser sozialen Gruppe assimilierter deutscher Juden gehörte auch der 1858 geborene Hugo Carl Plaut.[9] Er entstammte einer Familie von erfolgrei-

8 Julius H. Schoeps, Die mißglückte Emanzipation. Zur Tragödie des deutsch-jüdischen Verhältnisses, in: Deutsche Jüdische Soldaten, Hamburg, Berlin, Bonn 1996, S. 29–38, hier S. 31.

9 Zur Familiengeschichte Doris Fischer-Radizi, Vertrieben aus Hamburg. Die Ärztin Rahel Liebeschütz-Plaut, Göttingen 2019.

chen Bankiers und Handelsherren aus Leipzig. Im Elternhaus verstand sich der Vater als ein liberaler Jude ohne große Bindung an die religiösen Rituale. Die Mutter hingegen hatte zwar eine moderne, dem Erziehungskanon des gehobenen christlichen Bürgertums entsprechende Bildung erhalten, blieb aber ihrem familienseits geprägten orthodoxen Judentum treu. Nach einigen Wirrungen als Jugendlicher, er musste beispielsweise die humanistische Leipziger Thomas-Schule ohne Abschluss verlassen, studierte er nach einer landwirtschaftlichen Ausbildung ohne Abitur Agrarwissenschaften an der Universität zu Jena. 1882 promovierte er schließlich am veterinärmedizinischen Institut der Universität Leipzig. Im Anschluss an Studien etwa bei Louis Pasteur an der Sorbonne in Frankreich begann er schließlich erneut in Leipzig ein Studium der Humanmedizin, welches er 1888 abschloss.

Ganz den Üblichkeiten deutscher Studenten dieser Epoche folgend, schloss er sich einer Burschenschaft an. Während die antisemitisch geprägte Mehrzahl dieser Organisationen die Mitgliedschaft von Juden ablehnte, wurde Hugo Carl Plaut nicht allein Mitglied in der von politisch liberalen Christen und Juden gegründeten »Freien Wissenschaftlichen Vereinigung«, die sich Toleranz auf die Fahnen geschrieben hatte und den Kampf gegen den Antisemitismus aufnahm, sondern in Leipzig gar deren Vorsitzender. Nach seiner Heirat mit der aus einer sehr wohlhabenden und säkularen jüdischen Familie stammenden, ebenfalls entsprechend dem modernen bürgerlichen Kanon erzogenen Adele Brach (1867–1953), ließ er sich 1889 als praktischer Arzt in Leipzig nieder. Vier Kinder gingen aus der Verbindung hervor: Theodor (1888–1948), Hubert (1889–1978), Carla (1892–1976) und Rahel (1894–1993).

Schon während des Studiums hatte sich Hugo Carl Plaut hauptsächlich der Bakteriologie und Pilzforschung zugewandt. Zu seinen herausragenden wissenschaftlichen Leistungen zählt der 1894 vorgelegte mikrobiologische Nachweis einer spezifischen Angina-Variante, die nach ihm und einem weiteren französischen Forscher seither als Plaut-Vincentsche-Angina benannt ist. Der mit zahlreichen Publikationen zwischen 1882 und bis zu seinem Tode 1928 auch international bekannte und hoch anerkannte Arzt und Wissenschaftler war gegen Ende des 19. Jahrhunderts mit seiner Familie nach Hamburg übersiedelt, um, wie es die Familienerinnerung berichtet, dem antisemitischen Klima Leipzigs zu entfliehen. Hier schloss er sich der liberalen, reformorientierten jüdischen Tempelgemeinde (gegründet 1817) an und engagierte sich für die Integration von Juden in die christlich bestimmte Mehrheitsgesellschaft.

Der Mediziner Plaut begründete ein bakteriologisches Labor, wurde später Direktor des Instituts für Pilzforschung am Krankenhaus Eppendorf sowie Professor für Bakteriologie an der Universität Hamburg. Der erfolgreiche Arzt und Wissenschaftler bewohnte mit seiner Familie zunächst eine Villa an der Eppendorfer Landstraße. 1906 kaufte er eine ebenfalls in Eppendorf gelegene große Villa in der Neuen Rabenstraße. Bereits 1901 hatte die Familie jene weiße Neo-Renaissance-Villa einer Gärtnerei in der Gemarkung Dockenhuden auf dem Gelände der heutigen FüAkBw erworben, die, wie die Giebelzier bis heute zeigt, seit 1896 inmitten eines sehr großzügigen Areals stand. Die Familie Plaut bewohnte das Anwesen über viele Jahre hinweg in der Regel nur in den Sommermonaten. Es muss ein durchaus idyllischer Ort gewesen sein. Jedenfalls erinnerte sich Jahrzehnte später (ca. 1994) ein Familienmitglied daran recht schwärmerisch:

> *Zu Beginn des Jahrhunderts hatte der Grund und Boden (...) ein echt ländliches Aussehen. (...) Das Areal, mit dem meine Familie in Berührung kam, befand sich rund um dieses Haus. (...) Hier wuchsen viele Blumen, besonders Rosen, Dahlien, Maiglöckchen und – was am wichtigsten und beeindruckendsten war – Rhododendrensträucher und gelbe Azaleen. Der Duft dieser Azaleen, gemischt mit dem des Geißblatts, war während ihrer Blütezeit atemberaubend. Ein ziemlich großes Areal wurde für den Anbau von Gemüse genutzt, der durch verschiedene Frühbeete aus Holz und Backstein unterstützt wurde. Ein recht großes, ständig benutztes Gewächshaus aus Backstein erstreckte sich mit seiner langen Front gegen die südliche Sonne von dem Herrenhaus nach Westen. (...) Ich muss auch die zahlreichen Obstbäume erwähnen, die es auf dem Gelände gab. Da waren Apfelbäume, Birnbäume, Pfirsichbäume, Quittenbäume usw. Und da gab es Büsche mit roten, schwarzen und sogar weißen Johannisbeeren, die im Sommer gepflückt werden mussten. (...) Auf der Rückseite gab es Schuppen und Hütten, die verschiedenen Zwecken dienten, so als Hühnerauslauf, Lager für die landwirtschaftlichen Produkte, Aufenthaltsraum, Toilette, Pferde-*

geschirr-Raum, Remise und Stall für zwei Pferde. Es gab auch Sommerhäuser aus Holz, eins, bei dem bei warmem Wetter alle Fenster entfernt werden konnten, und ein anderes, das eher wie eine chinesische Pagode anmutete und auf einem kleinen Hügel stand, der beim Ausheben des Teichs entstanden war. (…) Eine der großartigsten Erinnerungen, die wir alle haben, die wir das Privileg hatten, dort zu wohnen, waren die Bäume und die Rhododendrenbüsche. Da waren die alte Blutbuche und die großen Kiefern und Zypressen. Ein Baum ist leider nicht mehr da, ein großer Walnussbaum, der ganz in der Nähe der Villa stand und seinen Schatten auf die Veranda warf, die ebenfalls nicht mehr da ist.

Auf der einen Seite scheint diese bildhafte Schilderung eines augenscheinlich wohlhabenden bürgerlichen Habitus gleichsam die Zugehörigkeit der jüdischen Familie Plaut zur etablierten Gesellschaft bildungsbürgerlichen Zuschnitts in den Elbvororten zu belegen. Ob Hugo Carl Plaut wirklich vollends dazu gehörte oder ob er sich trotz seiner Statusmerkmale weiterhin als Bürger zweiter Klasse empfand bzw. von der christlichen Gesellschaftsmehrheit als solcher betrachtet wurde und einer tieferen sozialen Integration gesellschaftliche Grenzen gesetzt blieben, wissen wir zwar nicht. Ihren vier Kindern, denen ihre Stellung als besondere soziale Gruppe in der deutschen christlichen Gesellschaft bewusst war, vermittelten Hugo und Adele Plaut »ein selbstbewusstes Judentum und bestärkten sie darin, sich gegen Antisemitismus zur Wehr zu setzten«.[10] Die Ansässigmachung in der Villa unter Beibehaltung des Stadthauses wird hingegen schon als Ausdruck eines kulturellen Anpassungsprozesses zu verstehen sein. Jedenfalls war es ihm wegen seines jüdischen Glaubens augenscheinlich nicht so wie vielen anderen des Kultur- und Wissenschaftsbetriebes ergangen, dass ihm eine Universitätskarriere versagt geblieben ist oder ihm die Alma Mater Steine in den Weg gelegt hätte. Offensichtlich gehörte er zu jenen liberalen deutschen Juden, die den Emanzipations- und Akkulturationsprozess begrüßten und zu dem auch er seinen Teil beitrug.

Seine Mitgliedschaft im liberalen Kultusverband der Deutsch-Israelitischen Gemeinde in Hamburg unterstreicht dies.

10 Fischer-Radizi, Vertrieben aus Hamburg, S. 31.

Eine weitere Bestätigung für seine Orientierung findet man vielleicht in den Vornamen der ersten und zweiten Generation der Familie Plaut.

Als Ausdruck der Assimilation führte das Bekenntnis zu Deutschland oft auch dazu, dass Familien deutsche Vornamen wählten oder, wenn sie ihre jüdischen nicht ganz ablegten, sie den deutschen nachstellten. Bei den Söhnen Theodor und Hubert sowie den Töchtern Carla und Elisabeth Amalie Rahel kann man dies beobachten. Auch die Bildung als ein Mittel sozialer Emanzipation und Angleichung auf dem Weg zu echter sozialer Integration und nicht nur Akzeptanz spielte bei den deutschen jüdischen Eliten generell eine signifikante Rolle. Beispielhaft dafür sind die beruflichen Lebenswege der Kinder der Familie Plaut. Theodor studierte Nationalökonomie, habilitierte und lehrte an der Universität Hamburg. Nach seiner Entlassung 1933 und Emigration nach England lehrte er u. a. an den Universitäten Hull und Leeds. Als promovierter Mathematiker und Frontkämpfer im Ersten Weltkrieg arbeitete Hubert als Wissenschaftler bis 1938 bei der Firma Osram in Berlin, bevor auch er nach England auswanderte. Beide Töchter von Adele und Hugo Carl Plaut wurden berufstätige Ärztinnen, ein Faktum, in dem zugleich auch die generellen Emanzipationsbestrebungen junger Frauen in den ersten Jahrzehnten des 20. Jahrhunderts in Deutschland aufscheinen. Rahel studierte in Freiburg im Breisgau, Kiel sowie in Bonn und promovierte dort 1918. Während ihrer Assistentenzeit habilitierte sie sich 1923 als dritte Frau im Fach Medizin in Deutschland und als erste Frau an der Hamburger Fakultät für Physiologie. Die seit 1924 niedergelassene Ärztin für Stoffwechselerkrankung lehrte dort als Privatdozentin, bis sie aufgrund der nationalsozialistischen Gesetzgebung als »Nichtarierin« 1933 ihre Lehrbefugnis verlor.[11]

Wie in den bürgerlichen Familien damals meist üblich, ehelichte man innerhalb der gleichen sozialen Schicht. Dies galt durchaus auch bei jüdischen Familien, die sich traditionellerweise oftmals eines Heiratsvermittlers bedienten. So geschehen bei Theodor Plaut, der sich mit einer jungen Frau aus der in Hamburg höchst angesehen jüdischen Familie Warburg vermählte. Ebenso verhielt es sich mit Carla »Carrie« Plaut, die den Reichswirtschafts-

11 Zur Berufsbiografie vgl. Institut für Geschichte der Medizin und Ethik in der Medizin (Hrsg.), Ärztinnen im Kaiserreich und in der Weimarer Republik, Berlin 2015 (https://geschichte.charite.de; Zugriff am 17.6.2020).

gerichtsrat Dr. Moritz Sprinz (1885–1974) zum Mann nahm. Rahel hingegen heiratete 1924 »aus Liebe«, wie ihr Sohn Wolfgang noch viele Jahrzehnte später berichtete, den ebenfalls aus einer Hamburger Arztfamilie stammenden Hans Liebeschütz (1893–1978), auch er Jude. Das Paar lebte zunächst im Elternhaus von Rahel in der Neuen Rabenstraße in Eppendorf. Es bekam drei Kinder: Wolfgang (1927), Hugo (1929–1994) und Elisabeth (1932–1998).

Hans Liebeschütz hatte 1912 in Berlin das Studium der Geschichte begonnen, musste es aber mit Kriegsbeginn 1914 unterbrechen, als er eingezogen wurde und mit einem Mecklenburger Regiment in den Weltkrieg zog. Einer von insgesamt etwa 100.000 jüdischen Kriegsteilnehmern, denen ihre Teilnahme am Krieg entweder eine patriotische Pflicht war, sie eventuell ihrer nationalen Überzeugung entsprach oder sie zumindest als weitere Voraussetzung für die Herstellung und Vertiefung politisch-sozialer Gemeinsamkeiten betrachteten.[12] Vielleicht war es bei Hans Liebeschütz ein Amalgam aus all diesen Punkten. Seine beiden Schwager Plaut jedenfalls meldeten sich aus patriotischem Pflichtgefühlt freiwillig zum Kriegsdienst. Und Hugo Carl Plaut hatte viel Geld in Kriegsanleihen investiert.

Nachdem Hans Liebeschütz 1916 wegen einer schweren Lungenentzündung als Kriegsbeschädigter nach Deutschland zurückgekehrt war, setzte er seine Studien in Mittelalterlicher Geschichte an der Universität Heidelberg fort. 1920 wurde er promoviert, bestand die Lehramtsprüfung für den höheren Schuldienst und lehrte an verschiedenen Hamburger Realschulen. Nach der Habilitierung 1929 wirkte er bis zu seiner Entlassung 1934 an der 1914 gegründeten reformpädagogischen Hamburger Lichtwarkschule, arbeitete nebenbei wissenschaftlich an der renommierten kulturwissenschaftlichen Warburg-Bibliothek und lehrte als Privatdozent lateinische Philologie des Mittelalters an der Universität Hamburg.[13] Augenscheinlich versuchte Hans Liebeschütz gesellschaftliche Modernität, jüdische Tradition und deutsche Bürgerlichkeit miteinander in Einklang zu bringen. 1922 war er Mitbegründer der einer modernen Religionsauslegung verhafteten Nehemia-Nobel-B'nai B'rith-Loge Hamburgs. Die 1843 in New York von jüdischen Ein-

12 Vgl. Deutsche jüdische Soldaten. Von der Epoche der Emanzipation bis zum Zeitalter der Weltkriege, bearb. von Frank Nägler, Hamburg u. a. 1996.

13 Vgl. Joachim Wendt, Die Lichtwarkschule in Hamburg (1921–1937). Eine Stätte der Reform des höheren Schulwesens, Hamburg 2000 u. Internetpräsenz des Warburg Hauses (http://www.warburg-haus.de/kulturwissenschaftliche-bibliothek-warburg; Zugriff am 17.6.2020).

wanderern aus Deutschland gegründete Loge ist bis heute eine der größten internationalen jüdischen Vereinigungen.[14] Sie steht für Toleranz, Humanität und Wohlfahrt. Weiterhin will sie Aufklärung über das Judentum betreiben und die Erziehung innerhalb des Judentums vorantreiben.

Zudem betätigte er sich im Hamburger Lehrhaus und anderen Einrichtungen in der jüdischen Erwachsenenbildung.

Bis hierhin erzählt das private, berufliche und öffentliche Leben der Familien Plaut und Liebeschütz von etablierten, selbstbewussten und auch den neuen Strömungen der Zeit gegenüber aufgeschlossenen deutschen Staatsbürgern jüdischen Glaubens. Sie gehörten zur geistigen Elite und führten als wohlhabende Familie ein zeitgemäßes bürgerliches Leben mit Hausangestellten und Urlauben im In- und Ausland. Aus den bis heute im Bestand des Oberfinanzpräsidenten Hamburg erhalten gebliebenen Dokumenten über den nationalsozialistischen Raub jüdischen Besitzes geht beispielsweise hervor, dass laut Steuerbescheid von 1938 das Gesamtvermögen der Eheleute Liebeschütz auf 249.000 RM festgelegt worden war, darunter Grund- und Wertpapierbesitz.[15] Gleichwohl war ihnen immer bewusst, dass sie aufgrund ihres Seins als Juden und trotz aller Integrationsbemühungen soziale Außenseiter blieben und auch Ablehnung erfuhren. Dass sich dies ab 1933 dramatisch und gewalttätig steigern sollte, davon war zumindest Hugo Carl Plaut nicht mehr betroffen. Er starb hochgeachtet am 19. Februar 1928 und wurde wenige Tage später im Krematorium des Ohlsdorfer Friedhofs eingeäschert. Damit blieb er noch über seinen Tod hinaus ein Vertreter des liberalen deutschen Judentums, denn Feuerbestattungen sind im traditionellen jüdischen Religionsgesetz untersagt. Begleitet wurde die Trauerfeier durch den Chor der liberalen Tempelgemeinde.

Ausgrenzung und Entrechtung

Die Familienerinnerung legt sehr glaubhaft nahe, dass die Urne von Hugo Carl Plaut zunächst in einer Familienbegräbnisstätte im Garten der Villa

14 Vgl. Andreas Reinke, B'nai B'rith, in: Dan Diner (Hrsg.): Enzyklopädie jüdischer Geschichte und Kultur, Band 1: A–Cl., Stuttgart, Weimar 2011, S. 365–369.

15 Staatsarchiv (StA) Hamburg, 314–15_F 1501, Schreiben Konsulent Dr. Manfred Israel Zadek an Oberfinanzpräsident Hamburg, 16.1.1939.

Villa Plaut um 1930

neben dem Grab seiner Enkelin beerdigt worden ist. Das erste Kind von Rahel und Hans Liebeschütz war 1926 kurz nach der Geburt verstorben. Auf dem Grab stand das Tischgebet: »Lass deinen Segen auf uns ruhen, uns deine Wege wallen, und lehre du uns selber tun nach deinem Wohlgefallen.« Hugo Carl Plauts irdischer Weg, wenn man so sagen will, war damit aber noch nicht an seinem Ende angekommen. Von den Nationalsozialisten 1938 zur Auswanderung gezwungen, nahm seine Witwe die Urne mit der Asche ihres Mannes mit nach England, wo sie bis zu deren Tod im Jahre 1953 auf einem Schrank in ihrem Schlafzimmer stand. Gemeinsam fanden Adele und Hugo Carl Plaut ihre letzte Ruhestätte auf dem jüdischen Friedhof Golders Green in London, einem Begräbnisort bedeutender jüdischer Emigranten aus dem nationalsozialistischen Deutschland.[16] Bevor die grausame politische Realität Deutschlands in den 1930er Jahren den Garten und die Familie Plaut-Liebeschütz verschattete, hatte es jedoch einen baulichen Zuwachs auf dem Areal gegeben, der bis heute fast unverändert erhalten geblieben ist. Nach ihrer Hochzeit lebten die Eheleute Liebeschütz zunächst in

16 Vgl. Hugh Meller u. Brian Parsons, London Cemeteries: an illustrated guide and gazetteer, The History Press, 2008.

Villa Plaut 2020

den Villen der Eltern Plaut, im Winter in Eppendorf, im Sommer in Blankenese. Mit der Einschulung des ältesten Sohnes Wolfgang Liebeschütz kam schließlich das Ende des halbjährlichen Umzugs von der Stadt auf das Land, wie die Familienerinnerung zu berichten weiß. Weil die alte Villa im Winter nicht ausreichend beheizt werden konnte, ließ sich die Familie Liebeschütz 1933 in unmittelbarer Nachbarschaft ein kleines Haus aus Backstein erbauen. Dabei hatten sie den Aufstieg der Nationalsozialisten seit Anfang der 1930er Jahre nicht ohne Sorge beobachtet. Schon 1932 glaubten sie, in Deutschland für sich und ihre Kinder keine Zukunft mehr sehen zu können.[17] Einem überlegten Umzug nach England folgten insofern Taten, als sie zeitweise eine muttersprachliche Engländerin als Privatlehrerin einstellten. Hans Liebeschütz nutzte 1933/34 einen wissenschaftlichen Aufenthalt beim Leiter der nach London verlegten Warburg-Bibliothek, um sich und seine Frau als arbeitssuchende Akademiker auf die Liste der »Notgemeinschaft Deutscher Wissenschaftler im Ausland« eintragen zu lassen. Eine von dem ebenfalls emigrierten jüdischen Pathologen Philipp Schwartz 1933 gegründete Selbsthilfeorganisation zur Vermittlung deutscher Wissenschaftler, die

17 Situation der Juden in Hamburg vgl. Ina Lorenz u. Jörg Berkemann, Die Hamburger Juden im NS-Staat 1933–1938/39, Göttingen 2016.

Wohnhaus der Familie Liebeschütz 2020

durch die NS-Gesetze in Bedrängung geraten waren.[18] Trotz der einsetzenden nationalsozialistisch-antisemitischen Ausgrenzungspolitik glaubte die Familie Liebeschütz zunächst auch aufgrund des sogenannten Frontkämpferprivilegs nicht in Gefahr zu sein. Nach einer Intervention von Reichspräsident Paul von Hindenburg war das »Gesetz zur Wiederherstellung des Berufsbeamtentums«, welches u. a. nichts anderes bedeutete als die Zwangsbeurlaubung bzw. Entlassung politisch unliebsamer oder jüdischer Beamter, in § 3 Absatz 2 dahingehend novelliert worden, dass diejenigen davon ausgenommen sein sollten, »die bereits seit dem 1. August 1914 Beamte gewesen sind oder die im Weltkrieg an der Front für das Deutsche Reich oder für seine Verbündeten gekämpft haben oder deren Vater oder Söhne im Weltkrieg gefallen sind.« Das traf auch auf Hans Liebeschütz zu. Die Familie war und fühlte sich als Deutsche. Hamburg und Blankenese waren ihre Heimat. Man glaubte nach dem Ende der sogenannten Radau-Pogrome im Frühjahr 1933 an stabile Verhältnisse und blieb.

Liebeschütz bezogen das neue Haus im März 1934. Der architektonische Gegensatz zur Villa nebenan hätte kaum größer sein können. Anstelle von ornamentaler Repräsentation steht das mit einem spitzgiebeligen Satteldach

18 Vgl. R. Pauli, J. Szirany u. D. Groß, Der Pathologe Philipp Schwartz (1894–1977), in: Der Pathologe 4 (2019).

gedeckte Einfamilienhaus in der Tradition eines norddeutschen Heimatstils, wie er sich – ausgehend in England im letzten Drittel des 19. Jahrhunderts – unter bewusstem Rückzug auf das Einfache, das Handwerkliche, das Unprätentiöse als Gegenbewegung zu dem demonstrativ nach außen gerichteten repräsentativen Eklektizismus im 20. Jahrhundert herauszubilden begann. Die hier aufgegriffene regionale Bautradition, wie etwa die Verwendung von Backstein anstelle von zuweilen überbordenden Putzziegelfassaden, folgt auf der einen Seite den in den Elbvororten entwickelten konservativen Konventionen und gibt zunächst einen weiteren Hinweis auf das zu Teilen in herkömmlicheren sozialen Strömungsgrößen verhaftet Sein der Familie Liebeschütz. Darüber hinaus zeigt jedoch ein Architekturdetail das auch der zeitgemäßen Moderne zugewandte Leben: Die teilweise verwendeten querrechteckigen Fensterformate erhellen nicht nur die Innenräume besser, sie waren auch ein Gestaltungselement der klassischen Architekturmoderne. Nicht nur damit hatte es nach 1933 sein Ende, wie man an den in der Mitte der 1930er Jahre in der Umgebung erbauten Häusern ähnlichen Zuschnitts unzweideutig erkennen kann. Unter dem Diktum des Nationalsozialismus geriet das Areal der Familien Plaut und Liebeschütz in Blankenese dann in unterschiedlichen Konstellationen zu einem »Opfer-« und zu einem »Täter-Ort« gleichermaßen.

Die vom Antisemitismus genährte antijüdische Ausgrenzungspolitik traf die im Sinne der NS-Diktion »nichtarischen« Familien in ganz Deutschland schon sehr bald unmittelbar. Auf der Grundlage des euphemistisch formulierten »Gesetzes zur Wiederherstellung des Berufsbeamtentums« vom 7. April 1933, welches tatsächlich ausschließlich der Verwirklichung der rassenpolitischen Zielsetzungen des NS-Regimes und der Gleichschaltung des öffentlichen Dienstes diente, wurden Theodor Plaut und Rahel Liebeschütz im Juli 1933 ihre Lehrbefugnisse entzogen. Das NS-Regime definierte Menschen einer bestimmten Religion – Juden – als Rasse im Sinne der Systematik des Anthropologen Johann Friedrich Blumenbach (1752–1840). Gemäß § 3 des »Gesetzes zur Wiederherstellung des Berufsbeamtentums« war Hans Liebeschütz im Sinne der NS-Diktion »Nicht-Arier«. Ab 1934 nützte ihm auch das sogenannte Frontkämpferprivileg nichts mehr. Nach Hindenburgs Tod fand es keine Anwendung mehr.

Generell bedeutete dieses »Gesetz zur Wiederherstellung des Berufsbeamtentums« einen massiven Eingriff in die seit 1871 im ganzen Deutschen Reich geltende staatsbürgerliche Gleichberechtigung jüdischer Deutscher. Hans Liebeschütz wurde aus dem Schuldienst an der Lichtwarkschule entlassen und verlor auch seine universitäre Lehrbefugnis. Wie nahezu alle jüdischen Angehörigen des öffentlichen Dienstes oder der freien Berufe fand er dann nur mehr innerhalb jüdischer (Selbsthilfe-)Organisationen oder Lehreinrichtungen ein berufliches Tätigkeitsfeld. Bis zum Wintersemester 1938/39 lehrte er u. a. an der 1872 gegründeten und 1942 geschlossenen Hochschule für die Wissenschaft des Judentums in Berlin. Nachdem die Nationalsozialisten Rahel Liebeschütz im Sommer 1933 die universitäre Lehrbefugnis entzogen hatte, konnte sie Physiologie und Pathologie nur mehr an einer jüdischen Hauswirtschaftsschule unterrichten bzw. als Ärztin im Israelitischen Krankenhaus in Hamburg praktizieren, einer 1841 gegründeten medizinischen Pflegeeinrichtung der deutsch-israelitischen Gemeinde Hamburgs.

Trotz der Ausgrenzungspolitik der Nationalsozialisten in fast allen Lebensbereichen, trotz der einsetzenden Emigration von immer mehr Hamburger Juden[19] und trotz des zumindest partiellen Abrückens der christlich-deutschen Gesellschaft von ihren jüdischen Nachbarn berichtet Rahel Liebeschütz in ihren Erinnerungen bei allen erfahrenen Bedrängungen doch auch von einem »normalen« bürgerlichen Leben in den 1930er Jahren. Von Rechts- und Finanzgeschäften, von kultureller Geselligkeit im Freundes- und Bekanntenkreis, von Reitunterricht, von Vergnügungstouren in die Umgebung und von Urlaubs- bzw. Forschungsreisen sowie in finanziellen Angelegenheiten im Familienverbund in das Ausland ist ebenso zu lesen wie von verschiedentlichen Besuchen des schon 1933 nach England emigrierten Theodor Plaut in Hamburg. Freilich reduzierte sich der soziale Verkehr schrittweise immer mehr auf den Kreis ihrer jüdischen Glaubensgenossen. Die soziale Ächtung bewirkte andererseits eine stärkere Hinwendung zu den traditionellen jüdischen Ritualen. Während die Familie Liebeschütz wieder die Seder-Feier und das Chanukka-Fest begingen, blieb Adele Plaut der Tradition des Weihnachtsfestes mit Weihnachtsbaum am

19 Situation der Hamburger Juden 1933–1945 vgl. Frank Bajohr, Von der Ausgrenzung zum Massenmord, Die Verfolgung der Hamburger Juden 1933–1945, in: Forschungsstelle für Zeitgeschichte in Hamburg (Hrsg.): Hamburg im ›Dritten Reich‹, Göttingen 2005, S. 471–518.

24. Dezember treu. Einmal mehr ein Beispiel dafür, in welches emotionale Spannungsverhältnis die deutschen Juden durch die NS-Rassenpolitik gedrängt worden waren. Die Rassenpolitik betraf auch die Beschäftigung von Hausangestellten. Die Haushalte der begüterten Familien Plaut und Liebschütz verfügten entsprechend ihres bürgerlichen Status immer über Personal. Nach den sogenannten »Nürnberger Rassegesetzen« von 1935 durfte ab dem 1. Januar 1936 kein jüdischer Haushalt, dem eine männliche Person gleich welchen Alters angehörte, nichtjüdische Frauen unter 40 Jahren beschäftigen. Dazu Rahel Liebeschütz in ihren Erinnerungen:

> *Was das für unseren Haushalt bedeutete, war klar. Ich hatte zwei Haushaltsgehilfen unter der Altersgrenze: Doris für die Hausarbeit und Erika für die Kinder. Bald drang durch, dass es ratsam sei, die Mädchen vor dem Stichtag zu entlassen, sofern sie eine neue Arbeit gefunden hatten. Doris verließ uns am 1. November. Eine Freundin aus Carries (Kosename von Rahels Schwester Carla; W. S.) Schultagen bot uns an, ihre halbjüdische Tochter einzustellen, und wir waren damit einverstanden. Aber nachdem Mutter und Tochter sich besonnen hatten, schien es ihnen doch vernünftiger zu sein, als seien sie hundertprozentig deutsch, und vor dem Stichtag wieder zu kündigen. Ganz ihrem treuen Charakter machte Erika Busstorff (Kindermädchen; W. S.) den Fehler, nicht nur bis zum letzten Tag bei uns zu bleiben, sondern auch um eine Ausnahmegenehmigung zu ersuchen. Das wurde im Namen des ›Führers‹ negativ beschieden. (…) Später hörten wir, dass die Gestapo sie einem unangenehmen Verhör unterzogen hatte. Das hielt sie aber nicht davon ab, uns zu besuchen, besonders an Kindergeburtstagen. (…) Das jüdische Hauspersonal, das in den folgenden Jahren bei uns war, bestand zumeist aus gebildeten und sehr liebenswerten jungen Damen. (…) Abgesehen von den zweien, beschäftigten wir eine Anzahl jüdischer Mädchen für kürzere Zeit, zum Beispiel zwei aus dem Ausbildungslager des Hechaluz (hebräisch für ›Der Pionier‹. Dachverband zionistischer Jugendorganisationen zur Vorbereitung der Einwanderung nach Palästina; W. S.) auf der Wilhelmshöhe.*[20]

20 Fischer-Radizi, Vertrieben aus Hamburg, S. 183.

Die jüdische Schule von Henriette Arndt

Die sukzessive Ausgrenzung aus allen Lebensbereichen schloss auch die Kinder mit ein. Nach den antisemitischen »Nürnberger Gesetzen« vom 15. September 1935 durften Schüler jüdischen Glaubens endgültig keine öffentlichen Schulen mehr besuchen. Dies betraf auch den achtjährigen Wolfgang Liebeschütz, der seit 1934 die Grundschule in Dockenhuden besuchte und ab Ende 1936 gezwungen gewesen wäre, die jüdische Gemeindeschule in Altona zu besuchen. Aufgrund des durch die Zuwanderung im 19. Jahrhundert aus Osteuropa orthodoxen Zuschnitts der Altonaer Gemeinde und des weiten Schulwegs zur Palmaille erschien dies den liberalen, bürgerlich-etablierten Eltern keine rechte Alternative zu sein.

Wie überall in Deutschland zu dieser Zeit erzeugten Ausgrenzung und Isolierung auch um die Villa Plaut bemerkenswerte Formen individueller und kollektiver Selbstorganisation. Der Familie Liebeschütz gelang es, die Genehmigung zur Einrichtung einer kleinen Schule auf eigene Kosten zu erlangen. Die Einrichtung stand zwar unter der Auflage, ein Teil der jüdischen Schule in Altona zu bleiben, deren Reglement und Aufsicht zu akzeptieren sowie Hebräisch und jüdische Religion zu unterrichten. Auch mussten von der Schulleitung geschickte Kinder aufgenommen werden, selbst wenn sich finanzschwächere Eltern nicht an den Kosten der Schule beteiligen konnten. Der Unterrichtsort konnte selbst bestimmt, eine Lehrkraft durfte eingestellt werden, die Entlohnung musste aus eigenen Mitteln erfolgen. Von 1936 bis Ende 1938 diente der Salon der großen Villa als Klassenzimmer für die dann bis zu sieben Kinder unterschiedlichen Alters.

Als Lehrerin gewann man Henriette Arndt.[21] Ihrem Lebensweg erlegten die Nationalsozialisten wie Millionen anderen Menschen jüdischen Glaubens ein grausames Schicksal auf. Auch sie entstammte einer Arztfamilie und war 1882 in der kleinen pommerschen Stadt Regenwalde (heute polnisch Resko) geboren worden. Nach ihrer Lehrerinnenausbildung in Kolberg (heute polnisch Kołobrzeg) trat sie 1914 in den Hamburger Schul-

21 Biographie vgl. https://www.stolpersteine-hamburg.de/?&MAIN_ID=7&BIO_ID=1473 (Zugriff am 11.6.2020) u. Christiane Pritzlaff, Henriette Arndt, eine jüdische Lehrerin in Hamburg, in: Miriam Gillis-Carlebach u. Wolfgang Grünberg (Hrsg.): »Den Himmel zu pflanzen und die Erde zu gründen«, Hamburg 1995, S. 225–237.

dienst ein, wo sie bis zu ihrer Entlassung 1933 aufgrund der antisemitischen Gesetze an verschiedenen Schulen tätig war. Vermutlich wird man sie ebenfalls der säkularisierten Gruppe deutscher Juden zurechnen dürfen, wenn man den Hinweis, sie habe sich nach ihrer Entlassung wieder dem Judentum zugewandt und Hebräisch nicht nur gelernt, sondern auch gelehrt, so verstehen kann. Dies mag mit ein Grund dafür gewesen sein, sie mit der Leitung des kleinen Blankeneser jüdischen Schulzirkels zu beauftragen. Rahel Liebeschütz erinnerte sich später höchst zufrieden an den Unterricht von Henriette Arndt:

> *Unterricht fand von 9–13 Uhr statt. Es gab nur eine Pause um 11 Uhr. Der übliche Stundenplan der Volksschule wurde durch Hebräischunterricht ergänzt. Die Kinder schnitten hebräische Buchstaben aus Pappe aus und setzten sie zu Wörtern zusammen. Sie lernten auch, einfache hebräische Lieder zu singen. Im Arithmetik-Unterricht wurden auch englische Gewichte und Maße als Vorbereitung auf eine Auswanderung nach England gelehrt. Fräulein Arndt (…) ging großzügig mit ihrer Zeit und ihrem Verdienst um. Sie machte Ausflüge mit den Kindern und lud sie auch zum Tee in ihre Wohnung ein. Im Großen und Ganzen war es eine glückliche Schule.*[22]

Das so beschriebene, letztlich erzwungene Glück währte jedoch nicht mehr lange. Der Hinweis auf den Englischunterricht und die Emigrationsabsicht vermittelt unzweideutig die Einsicht der Familien Plaut und Liebeschütz, dass an einen weiteren Verbleib im Deutschland des »Dritten Reichs« wohl kaum mehr zu denken war. Aus der Emigrationsabsicht wurden im Verlauf des Jahres 1938 immer konkretere Emigrationspläne nach England. Auf verschiedentlichen, vorangegangenen Besuchsreisen dorthin versuchte man, etwa Fragen nach einem Wohn- und Arbeitsort, nach Schulen für die Kinder und nach dem Devisentransfer auszuloten. Dennoch zögerte man trotz der sozialen Ausgrenzung und den existenzbedrohenden Entlassungen aller Familienangehörigen aus ihren Berufen lange, diesen Schritt zu gehen. Rücksichtnahme auf die demente Großmutter und die Verantwor-

22 Fischer-Radizi, Vertrieben aus Hamburg, S. 191.

tung von Hans Liebeschütz gegenüber der jüdischen Gemeinde hielten sie davon ab, auch wenn »um uns herum (...) die Menschen aus Hamburg zu verschwinden« begannen. So beschrieb Rahel die Situation Anfang 1938.

Die Gefahr, in der auch die Familie Liebeschütz sich befand, zeigte sich unmittelbar nach dem Pogrom vom 9./10. November 1938. Vordergründiger Anlass war die Ermordung eines Mitgliedes der deutschen Botschaft in Paris durch einen aus Deutschland emigrierten jüdischen Jugendlichen. Tatsächlich reihte sich die als Ausbruch des Volkszornes ausgegebene, tatsächlich organisierte Gewalthandlung in der sogenannten Reichspogromnacht ein in ein ganzes Maßnahmenbündel, welches darauf abzielte, die jüdischen Mitbürger nun endgültig zur Ausreise zu zwingen und per Zwangsenteignung in deren Besitz zu gelangen. Wie 30.000 weitere jüdische Männer, oft Honoratioren der jüdischen Gemeinden in ganz Deutschland, wurde in diesem Zusammenhang auch Hans Liebeschütz willkürlich verhaftet und mehrere Wochen im Konzentrationslager Sachsenhausen bei Berlin eingesperrt.

Flucht und Tod im Konzentrationslager

Am 6. Dezember 1938 endete der jüdische Schulzirkel in der Villa Plaut. Im Laufe der Zeit waren alle der dort unterrichteten Kinder ausgewandert. Eine Woche später verließen Adele Plaut und Rahel Liebeschütz mit ihren drei Kindern Hamburg in Richtung England. Die nationalsozialistischen Ausreisebestimmungen – ein staatlicher Raub, um die Finanzkasse Deutschlands zu befüllen – beließen ihnen nur mehr drei Prozent ihres Vermögens. Hans Liebeschütz und die anderen Familienangehörigen folgten im Frühjahr 1939. Ein typisches Beispiel für die jüdische Auswanderungspraxis innerhalb des Familienrahmens. Eine Hilfe bei der Auswanderung war vermutlich der Kunsthistoriker Fritz Saxl (1890–1948), Leiter der kulturwissenschaftlichen Bibliothek des jüdischen Kunsthistorikers Aby Warburg (1866–1929) aus Hamburg. Der ebenfalls jüdische Saxl, mit dem Hans Liebeschütz wissenschaftlich verbunden war, hatte nach 1933 mit dafür gesorgt, dass Warburgs Bibliothek nach London gebracht werden konnte. Überdies waren die Liebeschütz und Adele Plaut, die Witwe von Hugo Carl

Plaut, wohnsitzlos geworden. Die Stadt Hamburg, zu der Blankenese seit dem Groß-Hamburg Gesetz von 1937 gehörte (seit 1927 nach dem Groß-Altona-Gesetz ein Teil der Stadt Altona), hatte den Pachtvertrag für das Areal, auf dem die große weiße Villa und das kleinere Familienwohnhaus aus Backsteinen stand, nicht mehr verlängert.

Den meisten der zu Beginn der 1930er Jahre in Blankenese lebenden deutschen Staatsbürgern jüdischen Glaubens, etwa 150 an der Zahl, gelang die Flucht in das Ausland. 16 wurden in einem Konzentrationslager ermordet, acht setzten ihrem Leben vor der ihnen drohenden Deportation selbst ein Ende. Das Leben in England scheint für die emigrierten Liebeschütz zu Beginn nicht ganz so einfach gewesen zu sein, namentlich nach Ausbruch des Zweiten Weltkrieges. Als einer von 25.000 in England lebenden Deutschen oder Österreichern kam Hans 1940 – ohne nach Angehörigen eines Feindstaates oder nach Flüchtlingen vor der NS-Diktatur zu unterscheiden – für mehrere Monate als Enemy Alien auf der Isle of Man in Internierungshaft.[23] Es ging darum, den Grad der Loyalität gegenüber dem »Gastland« zu ermitteln. Die Familie empfand diese Maßnahme in gewissem Sinn durchaus als eine Erniedrigung, wie sich Rahel Liebeschütz erinnerte: »So bedeutete die Internierung eines Teils der Familie auf der Isle of Man im Sommer 1940 eine gewisse Erleichterung. Andererseits war es für uns schwer erträglich, dass wir, die Opfer von Hitler, jetzt des Bündnisses mit ihm verdächtigt wurden.«[24]

Es gelang Hans Liebeschütz offensichtlich, seine Loyalität dem Gastland gegenüber unter Beweis zu stellen, und die Familie konnte nach seiner Entlassung im Oktober 1940 endgültig Fuß fassen in England. Ab 1942 unterrichtete der Mediävist Latein an verschiedenen englischen Schulen. Von 1946 bis zur Pensionierung 1960 lehrte er als Professor an der University of Liverpool. Trotz der Vertreibung blieben Hans, seit 1947 auch britischer Staatsbürger, und Rahel ihrem deutschen Heimatland und Hamburger Vaterstadt zeitlebens eng verbunden. Ihr neues Haus in Liverpool benannten sie nach ihrem alten Wohnsitz »Dockenhuden«. Die Bewahrung der oder

---

23 Internierung emigrierter jüdischer Deutscher in Großbritannien vgl. Cheryl Kempler, Imprisioned on the Isle of Man. Jewish Refugees Classified as »Enemy Aliens«, in: B'nai B'rith International Magazine, August/June 2017 (https://www.bnaibrith.org/past-magazine-articles/imprisoned-on-the-isle-of-man-jewish-refugees-classified-as-enemy-aliens; Zugriff am 17.6.2020).

24 Fischer-Radizi, Vertrieben aus Hamburg, S. 83.

wenigstens die Erinnerung der Geschichte und Kultur des deutschsprachigen Judentums über die Wissenschaft war Hans Liebeschütz offensichtlich ein zentrales Anliegen und Bindeglied nach Deutschland nach dem Ende des Zweiten Weltkrieges.

Aus seiner Feder stammen u. a. die wichtigen Publikationen über das Judentum im deutschen Geschichtsbild von Hegel bis Max Weber (1967) oder das Judentum in der deutschen Umwelt (1977). Schon seine Beteiligung an der Gründung des Leo-Baeck-Instituts 1955 als eine außeruniversitäre Forschungs- und Dokumentationseinrichtung für die Geschichte des deutschsprachigen Judentums mag als weiterer Beleg für das Festhalten einer jüdisch-deutsche Symbiose gewertet werden, trotz allem, was er erleben musste. Das korrespondierende Mitglied (1960) der Monumenta Germaniae Historica, des großen Editionsprojekts zur Geschichte des Mittelalters, die Mitgliedschaft (1969) in der Akademie der Wissenschaften zu Göttingen, eine sehr wichtige Plattform namentlich auch des internationalen wissenschaftlichen Austausches, und der Titel eines Außerplanmäßigen Professors (bereits 1957) der Universität Hamburg verstarb 1978 mit 85 Jahren in Liverpool. Bis ein Jahr vor seinem Tod hatte er immer wieder Gastvorlesungen in Hamburg abgehalten.

Rahel Liebeschütz, die in England zeitweilig als Sozialarbeiterin bzw. ehrenamtlich als Altenpflegerin für den Women's Royal Volontary Service gewirkt hatte, überlebte ihn viele Jahre. Anlässlich der Feierlichkeiten zum hundertjährigen Bestehen des Krankenhauses Eppendorf war sie Ehrengast. Dabei würdigte man ihre wissenschaftlichen Leistungen und entschuldigte sich für das ihr zugefügte Unrecht. Sie starb 1993 im Alter von 99 Jahren in England.

Während die Familie Liebeschütz der Shoah entkommen konnte, gelang dies der Lehrerin Henriette Arndt nicht.[25] Auch sie bemühte sich augenscheinlich um die Emigration, offenbar unterstützt durch die Liebeschütz aus England. Lag es an den viel zu gering bemessen Quoten, welche die Aufnahmeländer nach der internationalen Konferenz von Evian im Sommer 1938 den um Hilfe suchenden deutschen Juden zu gewähren bereit waren oder daraus, dass diese erschöpft waren, nachdem die Pogrome dieses

25 Vgl. Biografie http://www.stolpersteine-hamburg.de u. Holger Martens, Arndt, Henriette, in: Hamburgische Biografie, Band 4, Göttingen 2008.

Jahres zu einer wahren Schwemme an Auswanderungs-Gesuchen geführt hatten? Man wird auch vermuten können, dass Henriette Arndt nach dem Einfrieren bzw. der Beschlagnahme des jüdischen Vermögens die von den Nationalsozialisten extrem erhöhte sogenannte »Reichsfluchtsteuer« nicht mehr entrichten konnte, als ihr durch die »Judenvermögensabgabe« ab 1938 ihr gesamtes Vermögen schrittweise entzogen worden war? Eine zynische Beschreibung jener horrenden Ausreisegebühren, die nichts anderes als staatlich organisierter Raub durch die NS-Machthaber waren.

Wir wissen nicht genau, warum Henriette Arndt in Deutschland blieb oder bleiben musste. In ihren Erinnerungen schrieb Rahel Liebeschütz: »Als ich in England war, bemühte ich mich (…) um eine Einreiseerlaubnis für Fräulein Arndt. Wir machten den Fehler, als Beruf ›Lehrerin‹ anzugeben und nicht ›Haushaltshilfe‹, was wohl der Grund für die Ablehnung war.«[26] Die lapidare Formulierung eines Vermerks der Oberfinanzbehörde Hamburgs bezüglich Henriette Arndt lautete: »Eine Auswanderung ist nicht vorgesehen.« Bis 1940 unterrichtete sie noch an der Volksschule der israelitischen Gemeinde in Lübeck. Von Oktober 1940 bis Oktober 1941 war sie dann an der »Volks- und Höheren Schule für Juden« angestellt.

Noch hatte sie offenbar Hoffnung, Deutschland verlassen zu können. In einem Brief an den Vorsitzenden des Jüdischen Religionsverbandes Hamburg vom 11. September 1940 schrieb sie, dass sie Aussicht habe, »in absehbarer Zeit ins Ausland zu kommen«.[27] Ihre letzte Wohnanschrift in Hamburg war Semperstraße 67. Seit September 1941 musste sie den diskriminierenden »Judenstern« an der Kleidung tragen. Nun begann der letzte Abschnitt ihres Martyriums im Gefolge des von dem NS-Gauleiter Karl Kaufmann (1900–1969) ab Sommer 1941 verfolgten Ziels, Hamburg »judenfrei« zu machen. Henriette Arndt wurde auf Anordnung der Geheimen Staatspolizei, Staatspolizeileitstelle Hamburg, am 25. Oktober 1941 mit dem ersten Transport Hamburger Juden, insgesamt 1033 Personen, in das »Generalgouvernement« im besetzten Polen und dort in das Ghetto nach Litzmannstadt (polnisch Łódź) verbracht. »Evakuiert« – so der mit Kopierstift in fetter Schrift am 1. Dezember 1941 aufgebrachte Vermerk auf ihrer Steuerkarte. Zwischen Oktober 1941 und Februar 1942 be-

26 Fischer-Radizi, Vertrieben aus Hamburg, S. 263.
27 Pritzlaff, Henriette Arndt, S. 230.

traf dies in 17 Transporten 5848 in Hamburg lebende Juden. Tatsächlich bedeutete evakuiert für Henriette Arndt deportiert, eigentlich verschleppt. Ein paar Wochen später bereicherten sich die Täter und vermutlich auch »unbescholtene« Hamburger Bürger am letzten Rest ihres Vermögens. In den Versteigerungshallen des Gerichtsvollzieheramtes Drehbahn 36 wurde »die zugunsten des Deutschen Reiches eingezogene Wohnungseinrichtung in freiwilliger Versteigerung« öffentlich versteigert – faktisch geraubt. Die Inventarliste umfasste 133 Positionen: u. a. zwei bunte Vasen, ein Samovar, eine dreiteilige Schreibgarnitur, ein Staubsauger zu 220 V, zwei Ölbilder, drei Stubenschränke, ein Sofa mit vier Kissen, zwei Sessel, ein Damenfahrrad sowie Besteck, Geschirr, Gläser, Lampen, Noten, Bücher, Hefte, Tische, Bett, Wäsche, Teppiche.

Genauso gewissenhaft füllte »Der Älteste der Juden in Hamburg in Litzmannstadt« am 8. Januar 1942 die Anmeldekarte aus. Sie wohnte dort nun, beraubt ihrer Habseligkeiten, in der Rauchgasse 25 in einer Einzimmerwohnung und Küche zusammen mit zwölf Personen. Ebenso bürokratisch-korrekt wurde die Abmeldung nach einem knappen halben Jahr am 3. Juni 1942 protokolliert. Als Grund vermerkte man »ausgesiedelt«. Die Rubrik »Neue Adresse« blieb leer. »Ausgesiedelt« hieß Deportation. Zu dieser Zeit in das Konzentrationslager Kulmhof (polnisch Chelmno), wo man die Menschen auf höchst grausame, weil langsame Art und Weise in sogenannte Gaswagen tötete, in denen man sie Kohlenmonoxid einatmen ließ. Henriette Arndt wurde noch am Tag ihrer Ankunft ermordet. Sie gehörte zu den über 150.000 Juden, die dort hauptsächlich zwischen 1941 und 1943 aus rassistischen Gründen in den Tod geschickt worden sind. Eine von insgesamt 5296 Hamburgerinnen und Hamburgern, die den Holocaust nicht überlebt hatte.

Gedenken und Erinnerung

Die Geschichte der Familien Plaut, Liebeschütz und auch von Henriette Arndt in Blankenese ist damit allerdings noch nicht zu Ende, auch wenn die einstige ländliche Idylle auf dem Geesthang durch Militarisierung ab 1939 nachhaltig zerstört wurde. Statt heiterem Landleben zogen nun militärische Strenge und Brutalität auf das Gelände. Zahllose Baracken und wenige, dafür raumgreifende Steinbauten überformten in kürzester Zeit die Landschaft. Zwar lebten die ursprünglichen Bewohner der großbürgerlichen Villa und des aus Backsteinen errichteten Familienwohnhauses nicht mehr hier. Die Gebäude blieben allerdings bis heute erhalten. Ihre Nutzung in der Zeit des Luftgaukommandos (LGKdo) XI, den neuen Herren, ist bislang unbekannt. Auf einem Lageplan der von den britischen Truppen als »Uxbridge Barracks« bezeichneten Anlage aus dem Jahr 1954 sind diese Gebäude nach ihrer Fassadenfarbe als Grey House (Villa Plaut) und Red House (Wohnhaus Liebeschütz) benannt. Aufgrund der Legende »MRD. QUARTER« dürften sie wohl als Wohnquartiere für verheiratete (married) Militärangehörige benutzt worden sein.[28]

Für die seit 1958 hier ansässige FüAkBw diente die Villa Plaut lange Jahre der Truppenverwaltung als Bürogebäude. Das kleinere Haus der Familie Liebeschütz wurde bis 2010 als Familien-Wohnhaus an den jeweiligen Kommandeur der Führungsakademie vermietet. Seitdem dient es als eine Art Appartementhaus für zeitweilig hier stationierte Offiziere. Freilich mussten erst Jahrzehnte nach 1945 ins Land gehen und sich eine zu ihrer historischen Schuld und Verantwortung bekennende deutsche Gesellschaft insgesamt entwickeln, bevor sich auch die Streitkräfte der Bundesrepublik Deutschland in Gestalt der FüAkBw der Erinnerung an die Familien Plaut und Liebeschütz sowie an Henriette Arndt zuwandten. Der Anstoß kam vom Hamburger Senat. Besuche von Angehörigen der Familie Liebeschütz in Hamburg führten 1994 zu einer erinnerungspolitisch eindeutigen Geste durch die FüAkBw.

In diesem Fall hätte der Kontrast zu den ersten militärischen Nutzern zwischen 1939 und 1945 kaum größer ausfallen können. Gerade wenn man hier den Blick auf die dienstlichen Wohnverhältnisse des Kommandeurs im Luftgau XI wirft. Der General der Flieger Ludwig Wolff residierte seit 1939 in exklusiver Lage in Winterhude, Rondeel 37. Eine Villa an der Außenalster, die ursprünglich der jüdisch-stämmigen Familie Rappolt gehörte. Aufgrund der »Sicherungsanordnung« jüdischen Vermögens durch den NS-Staat, der »Judenvermögensabgabe« sowie der »Reichsfluchtsteuer«,

28 StA Hamburg, 136–1_561, Layout Plan Uxbridge Barracks Hamburg-Blankenese, 17.5.1954.

war die Familie Rappolt ihrer ökonomischen Grundlagen beraubt worden. Sie musste 1939 die 1907/08 in Anlehnung an ein französisches Stadtpalais erbaute repräsentative Villa zwangsweise verkaufen. Weit unter Marktwert (115.000 RM) ging sie mitsamt der als sehr stilvoll und gehoben beschriebenen Ausstattung über den Fiskus an das LGKdo XI. Als nach dem Zweiten Weltkrieg aus der Emigration zurückgekehrte Familienangehörige dem Verbleib der Mobilien nachforschten, konnte 1946 die »Standortverwaltung und Abwicklungsstelle der Luftwaffe Hamburg« lediglich folgende Stellungnahme abgeben:

> *Es entspricht den Tatsachen, dass durch den angeführten Kaufvertrag neben dem Grundstück Rondeel 37 einige Einrichtungsgegenstände zur Ausstattung der Dienstwohnung des Befehlshabers im Luftgaukommando XI erworben wurden. Als im Jahre 1943 die Dienstwohnung aufgegeben und das Haus an mehrere Bombengeschädigte vermietet wurde, wurden die reichseigenen Möbel und Einrichtungsgegenstände der Dienstwohnung in der Flakkaserne Rissen untergestellt, wo sie sich am Tage der Übergabe der Stadt noch befanden. Inzwischen ist die Kaserne von der Besatzungsmacht in Anspruch genommen worden und sollen die Möbel, soweit sie nicht bereits vorher entwendet worden sind, von der britischen Einheit zur Ausstattung der Dienst- u. Wohnräume verwendet worden sein.*[29]

Es ist nicht bekannt, ob der General der Flieger Ludwig Wolff oder dessen Frau und Tochter um die Hintergründe des Erwerbs oder um das Schicksal der einstigen Eigentümer wussten. Ein Teil der Familie Rappolt konnte emigrieren, die einstige Hausherrin verstarb 1942 im Konzentrationslager Theresienstadt (tschechisch Terezín). Ab dem Sommer 1943 wollte Wolff freilich nicht mehr am Rondeel wohnen. Die Verwaltung des LGKdos XI notierte lapidar:

> *Die Dienstwohnung für den Kommandeur des Luftgaukommandos XI in dem reichseigenen Hausgrundstück in Hamburg, Rondeel 37, ist infolge*

29 https://www.stolpersteine-hamburg.de/index.php?&MAIN_ID=7&p=141&BIO_ID=1773 (Zugriff am 11.6.2020).

feindlicher Fliegerangriffe Ende Juli 1943 geräumt worden und wird bis auf weiteres – voraussichtlich auf Kriegsdauer – nicht mehr als Dienstwohnung verwendet. (…) Im Monat August hat die Familie des Herrn Befehlshabers (3 Personen) das General-Quartier im Befehlsstand »Rasthaus am See« mitbenutzt. (…) Ab dem 1.9.1943 sind dem Herrn Befehlshaber im Verwaltungsgebäude des Lufttanklagers Loccum die zur Zeit nicht benötigten Räume des früheren Krankenreviers im Erd- und Dachgeschoss zur vorübergehenden Unterbringung seiner Familie bis auf weiteres als Notwohnung zur Verfügung gestellt. Es handelt sich um 5 Zimmer im Erdgeschoss und 4 Zimmer und 2 Abstellräume im Dachgeschoss mit einer Gesamtfläche von 182,5 qm.[30]

Auch wenn Wolff dafür monatlich 50 RM Mietzins von seinem Gehalt einbehalten wurden (Jahresbruttoeinkommen 1942: 23.045,04 RM)[31], waren dies doch fast luxuriöse Verhältnisse, nicht zu vergleichen mit der Masse derjenigen etwa 900.000 Hamburgern, die nach den Angriffen im Sommer 1943 aus der Stadt evakuiert werden mussten. Zumal die Villa am Rondeel offenbar unbeschädigt war und von 1943 bis 1952 als Apotheke Verwendung fand.[32] Der sich um seine Familie augenscheinlich sorgende, privilegierte General der Flieger wird sich sicherlich keine Gedanken darüber gemacht haben, in welchen Verhältnissen die deportierte ehemalige Eigentümerin, Johanna Rappolt, mit ihren über 70 Jahren im Konzentrationslager existieren mochte. Sofern es sich nicht um eine der Karriere förderliche Floskel gehandelt habe, legt folgender Vermerk in seiner Beurteilung vom Frühjahr 1939 zumindest nahe, dass er wenigstens im Grundsatz mit den Zielen und Maßnahmen des Nationalsozialismus im Einklang stand: »Mit den Dienststellen und Gliederungen der Bewegung hat er sehr gute Verbindung gehalten. Steht weltanschaulich auf dem Boden des Nationalsozialismus.«[33] Wie könnte es bei einer Person seiner Epoche und seines militärischen Rangs auch anders gewesen sein!

Gut 50 Jahre später wehte freilich ein ganz anderer Geist auf dem Gelän-

30 Bundesarchiv, Abt Militärarchiv (BArch), Pers 6/401, Personalakte Ludwig Wolff. hier: Luftgaukommando XI, Verwaltung an Lufttanklager, Verwaltung, Loccum, 26.10.1943.

31 BArch, Pers 6/401, Personalakte Ludwig Wolff, hier: Gehalts- und Lohnsteuerbescheinigung 1942.

32 https://st-johannis-apotheke-hh.de/geschichte/ (Zugriff am 17.6.2020).

33 BArch, Pers 6/401, hier: Beurteilung vom 15.3.1939.

Generalmajor Dr. Hartmut Olboeter mit Angehörigen der Familien Plaut und Liebeschütz anlässlich der Feierstunde am 29. April 1994

de des ehemaligen LGKdos und der jetzigen FüAkBw. Ein Geist, getragen von der Verantwortung gegenüber dem einstmals hier begangenen Unrecht. Anlässlich einer Feierstunde am 29. April 1994 wurde im Beisein von Angehörigen der Familien Liebeschütz-Plaut außer der Pflanzung eines Baumes als Reverenz für Hugo Carl Plaut an der Außenseite der Villa eine Plakette mit der Aufschrift »Villa Plaut« angebracht. Im ehemaligen Salon fixierte man eine Tafel folgenden Inhalts:

> *Zur Erinnerung an / Henriette Arndt / 1872–1942 / Leiterin des ›Blankeneser Schulzirkels‹ für jüdische Kinder von 1936 bis 1939 / 1941 nach Polen deportiert und dort 1942 / der Verfolgung durch Nationalsozialisten / zum Opfer gefallen.*

Über das Warum dieser Widmung ließ der damalige Kommandeur der FüAkBw, Generalmajor Dr. jur. Hartmut Olboeter, der im Übrigen auch das Haus der Familie Liebeschütz bewohnte, dann auch gar keinen Zweifel aufkommen:

Sie möge zum einen uns und unseren Kindern stets mahnend vor Augen halten, welches Unrecht Menschen an Menschen getan haben; nur so können wir die Hoffnung nähren, dass Vergleichbares nie wieder geschieht. Hierzu einen Beitrag zu leisten, ist für uns, die wir heute Verantwortung tragen, ernsthafte Verpflichtung, der ich mich auch als 1940 Geborener gerne stelle. Zum zweiten möge die Widmung dieses Hauses den Nachfahren von Herrn Prof. Dr. Hugo Plaut zeigen, dass sie nach wie vor Teile ihrer Familienwurzeln hier haben und dass wir diese Wurzeln gerne pflegen wollen. Ich bin sicher, dass der heutige Tag und diese Tafel dazu beitragen werden, dass wir gemeinsam das Andenken an Herrn Professor Dr. Plaut und seine Familie in diesem Haus besser und konkreter bewahren als dies bisher der Fall war.

Im Jahr 2019 besuchten Angehörige der Familien Plaut-Liebeschütz erneut die FüAkBw und besichtigten dabei die Villa Plaut.

Auch an anderer Stelle lebt in Hamburg die Erinnerung an die Familien Plaut, Liebeschütz und an Henriette Arndt fort. Seit 1995 erinnert der Kölner Künstler Gunter Demnig mit seinem Projekt STOLPERSTEINE durch kleine, in den Boden eingelassene Gedenksteine aus Metall europaweit an Opfer der nationalsozialistischen Gewaltherrschaft vor deren früheren Wohnorten. Seit 2002 wurden auch in Hamburg 5817 (Stand Juli 2020) solche Erinnerungszeichen eingelassen. Für Rahel Liebeschütz gibt es einen Stein vor dem neuen Hauptgebäude der Universitätsklinik Hamburg-Eppendorf. Im November 2018 wurden vor dem Grundstück des Geschäftssitzes der Firma Signal-Iduna in Eimsbüttel, auf dem das Stadthaus der Familie Plaut-Liebeschütz in der Neuen Rabenstraße 21 einst stand, weitere Stolpersteine für Adele Plaut sowie für Hans und Rahel Liebeschütz sowie deren Kinder Wolfgang, Hugo und Elisabeth gesetzt.[34] Und an Henriette Arndt erinnern zwei solcher Steine. Einer liegt vor ihrer letzten Hamburger Wohnung in der Semperstraße 67. Ein anderer befindet sich vor der Schule Alter Teichweg 200 in Hamburg-Dulsberg.

34 http://www.stolpersteine-hamburg.de/?r_name=rahel+liebesch%FCtz&r_strasse=&r_bezirk=&r_stteil=&MAIN_ID=7&r_sort=Nachname_AUF&recherche=recherche&submitter=suchen u. https://www.stolpersteine-hamburg.de/?&MAIN_ID=7&BIO_ID=1473 (Zugriff am 11.6.2020).

Es begann um 1900 mit heiteren Sommeraufenthalten, als der Arzt Hugo Carl Plaut die inmitten weiter Wiesen stehende Villa bei Blankenese erwarb. Sie entsprach dem Lebensentwurf und dem sozialen Status einer bildungsbürgerlichen deutschen – Hamburger – Familie jener Zeit. Noch spielte es augenscheinlich keine Rolle, dass die Familie jüdischen Glaubens war. Die Söhne erfüllten ihre als patriotisch geltende Soldatenpflicht im Ersten Weltkrieg und hatten Erfolg in akademischen Berufen. Beide Töchter standen als berufstätige Ärztinnen gleichsam paradigmatisch für ein modernes Frauenbild der 1920er und frühen 1930er Jahren. Bis heute ist diese zeitgenössisch-gemäßigte Moderne sichtbar am Wohnhaus der jüngsten Tochter Rahel Plaut, welches sie sich mit ihrem Mann Hans Liebeschütz 1934 hatte erbauen lassen.

Der Schatten des nationalsozialistischen Verbrechertums lag da schon über der Familie wie dem Anwesen. Es begann auf der Grundlage der NS-Rassegesetze mit Entlassungen der Liebeschütz aus ihren öffentlichen Anstellungsverhältnissen und der Ausgrenzung der Kinder aus den öffentlichen Schulen. Letzteres konnte eine Zeit lang zwar gemildert werden durch eine kleine private jüdische Schule in den Räumen der Villa Plaut, geleitet von der ebenfalls jüdischen Lehrerin Henriette Arndt. Am Ende mündete die Entrechtung 1938 aufgrund der NS-Raubgesetze in den Verkauf des Anwesens an den Reichsfiskus. Noch im selben Jahr emigrierte die Familie Plaut-Liebeschütz nach England und konnte sich der am Ende oft tödlichen Verfolgung entgehen. Nicht so Henriette Arndt, die 1942 in einem Konzentrationslager ermordet wurde.

Ein gutes Jahr nachdem die Familie ihr Zuhause in Blankenese hatte aufgeben müssen, umringten zahllose Holzbaracken und einige wuchtig-repräsentative Backsteinbauten die Villa Plaut. Der Dienstsitz des Luftgaukommandos XI war gebaut worden. Nationalsozialistische Militarisierung war an die Stelle des bürgerlichen Refugiums getreten.

Militarisierung – der Bau des Luftgaukommandos XI im Nationalsozialismus

Luftgaukommandos als Territorialorganisation der Luftwaffe

Die Familien Plaut und Liebeschütz hatten ihre Häuser in Blankenese kaum verlassen, da machten sich schon die neuen Herren in Gestalt der nationalsozialistischen Luftwaffe breit. In nur wenigen Monaten verformten sie das landschaftliche Gebiet nachhaltig. Ihre baulichen Hinterlassenschaften sind bis heute raumprägend.

Die Geschichte beginnt allerdings einige Jahre früher und hängt zusammen mit der ab 1933 einsetzten nationalsozialistischen Aggressionspolitik. Sie wurde begleitet von bzw. erst ermöglicht mit Hilfe eines gigantischen Militarisierungs- und Aufrüstungsprogramms, dessen Spuren auch in Blankenese zu finden sind. Die Siegermächte des Ersten Weltkrieges hatten dem Deutschen Reich 1919 im Friedensvertrag von Versailles u. a. Aufbau und Unterhalt von Luftstreitkräften verboten. Spätestens mit dem Beginn der Regierung Hitlers baute das Deutsche Reich eine moderne Luftwaffe auf als wesentliches Element ihrer aggressiven Kriegspolitik. Zunächst noch unter ziviler Camouflage vorbereitet, wurde sie am 1. März 1935, zwei Wochen vor Verkündung der allgemeinen Wehrpflicht, »enttarnt« und neben dem Heer und der Kriegsmarine zum dritten Wehrmachtteil erhoben. Als eine von Technik und arbeitsteiligen Verfahren wesentlich bestimmte Streitkraft differenzierte sie sich im Grundsatz zwischen den Kampf- und Unterstützungselementen aus. Den organisatorischen Zusammenhang gewährleisteten territorial zuständige Luftkreiskommandos, aus denen ab 1936 LGKdos zunächst als Befehlsstellen der Bodenorganisation und des Nachschubes hervorgingen.[35]

Die Luftgaue waren in der Regel den Luftflotten zugeordnet, die den operativen Luftkrieg zu führen hatten. 1938 wurden die zwölf LGKdos

35 Vgl. Horst Boog, Die deutsche Luftwaffenführung 1935–1945, Stuttgart 1982.

des Deutschen Reiches aufgewertet zu territorialen Kommandobehörden mit umfassenden Befugnissen und rückten außerdem in den Rang von Führungsstäben der boden- wie luftgestützten Luftverteidigung auf. Die Befehlshaber in den Luftgauen erhielten die Kompetenzen von Kommandierenden Generalen. Ihnen wurden zunächst die gesamten Flieger-Boden-Organisationen, die leichten Jagdverbände, die gesamte Flugabwehrartillerie (Flak), der Flugmeldedienst, der Luftschutz und der Nachschub einschließlich der Fliegerschulen und Flieger-Ersatz-Abteilungen unterstellt. Faktisch handelte es sich damit allerdings um kaum zu koordinierende und nur schwer zu führende Gebilde. Allein aufgrund der zunehmenden Geschwindigkeit der Flugzeuge im Zweiten Weltkrieg waren die zugewiesenen Bereiche für die Jagdverteidigung viel zu klein geworden.

Der grundsätzlichen Einsicht des Luftwaffengeneralstabs schon 1939, die Koordinierung der Luftverteidigungsaufgaben einer umfassenden Kommandobehörde zu übertragen, wurde wegen des Hinausschiebens der Fronten in den Blitzfeldzügen aber bald nicht mehr für vordringlich gehalten. Die zunehmenden alliierten Luftangriffe auf das Reichsgebiet demonstrierten allerdings die organisatorische Unzulänglichkeit. Ab 1941 wurden die Luftgaue mit der Aufstellung der für die sogenannte Reichsluftverteidigung zuständigen Dienststelle Luftwaffenbefehlshaber Mitte in Berlin-Wannsee schrittweise zu Teilen von den aktiven Luftverteidigungsaufgaben entbunden. Nach 1943 waren sie im Wesentlichen mit nur mehr personellen und materiellen Versorgungs- und Verwaltungsaufgaben für die operativen Verbände befasst. Entsprechend der polykratischen Strukturen des NS-Regimes blieben die Zuständigkeiten etwa beim baulichen Luftschutz[36] oder im Bereich der Rüstungsindustrie jedoch vielfach ungeklärt und überschnitten sich häufig etwa mit Kommunal-, Staats- und Parteidienststellen.

Das analog zum Wehrkreis X des Heeres für den nordwestdeutschen Raum zuständige LGKdo XI umfasste geografisch Teile des heutigen Niedersachsens, Hamburg, Schleswig-Holstein und Mecklenburg. Ab 1940 gehörte auch das vom Deutschen Reich besetzte Dänemark zum Kommandogebiet.

36 Zur Organisation des Luftschutzes vgl. Erich Hampe, Der zivile Luftschutz im Zweiten Weltkrieg. Dokumentation und Erfahrungsberichte über Ausbau und Einsatz, Frankfurt a. M. 1963. Speziell zum Anteil der LGKdos ebd. S. 257–259 (https://www.bbk.bund.de/DE/Service/Fachinformationsstelle/DigitalisierteMedien/HampeDerzivileLuftschutzimZweitenWeltkrieg/hampederzivileluftschutzimzweitenweltkrieg_node.html; Zugriff am 17.6.2020).

Während des Zweiten Weltkriegs wurden aus für zweckmäßig gehaltenen militärorganisatorischen Notwendigkeiten immer wieder Veränderungen am territorialen Zuschnitt vorgenommen. Dienstsitz des 1938 aufgestellten Kommandos war zunächst Hannover. Nach den Aufzeichnungen des zweiten und letzten, vom 1. Februar 1939 bis zum 8. Mai 1945 (nur unterbrochen von einem dreimonatigen Kuraufenthalt im Sommer 1944) Kommandierenden Generals unter deutscher Herrschaft, des späteren Generals der Flieger Ludwig Wolff (1886–1950), war der Stab in Hannover untergebracht »in einer gewaltigen, aber sehr unkriegsmäßigen Holzbaracke«.[37] Folgt man dessen Erinnerungen zur Geschichte des LGKdos XI weiter, so habe er bei einer Planübung kurz nach seinem Dienstantritt im Frühjahr 1939 zur Sprache gebracht,

> *(...) dass die Unterbringung des LG XI in Hannover taktisch nicht richtig sei; ich wollte näher an die voraussichtliche Front und an die wichtigste Stelle der Luftverteidigung meines Gebietes. Ich schlug für das Luftgaukommando das zentral gelegene Hamburg vor. Luftflotte und OKL (Oberkommando der Luftwaffe; W. S.) pflichteten meiner Ansicht bei, und ich erhielt Befehl, das Luftgaukommando bis zum Frühjahr 1940 in den Raum von Hamburg zu verlegen. Als Sitz des Luftgaukommandos wählte ich Blankenese aus, weil dorten (sic!) ein Kabel durch die Elbe ging und dieser Ort auch nachrichtenmäßig günstig lag. Zudem war Blankenese der Stadt Hamburg wieder so weit entrückt, dass der Befehlshaber des Luftgaues bei feindlichen Fliegerangriffen nicht unmittelbar in das Getriebe der Luftverteidigung Hamburgs – besonders der Parteidienststellen – hineingezogen wurde.*[38]

Letztere Bemerkung ist insofern interessant, weil man sie unter der Perspektive des Frühjahrs 1939 allenfalls als Vorahnung oder als Befürchtung kommender Ereignisse lesen kann. Anhand des Niederschriftzeitpunkts im Sommer 1945 ist allerdings viel wahrscheinlicher, dass Wolff hier einen kurzen Einblick in die Realitäten während des Zweiten Weltkrieges gibt, worauf er an anderer Stelle seines Erinnerungsberichts auch expressis verbis ein-

37 BArch, RL 19/424, General der Flieger Ludwig Wolff, Die Geschichte des Luftgau XI, 13.8.1945, S. 2.
38 Ebd., S. 4–5.

geht. Zudem muss man wissen, dass der Bericht im Auftrag der britischen Sieger im Sommer 1945 verfasst worden ist. Das damalige Bemühen um Absetzbewegungen von der komplizierten Gemengelage zwischen Wehrmacht, Polizei, Feuerwehr sowie den Staats- und Parteiorganisationen bei den Maßnahmen des Luftkrieges im Allgemeinen und Luftverteidigung Hamburgs im Besonderen zugunsten der Darstellung einer professionellen Kriegsführung vor den Siegern ist hier und an anderen Passagen unzweideutig zu erkennen.

Es sei dahingestellt, ob die dann tatsächlich erfolgte Verlegung des Dienstsitzes des LGKdos XI auf den Befehlshaber des Luftgaus selbst zurückzuführen war. Grundsätzlich war im Frühjahr 1939 eine Neugliederung der Luftwaffe mit dem Ziel der Angleichung der Friedenskommandostruktur an die Kriegsspitzengliederung abgeschlossen worden. Im Übrigen war Hamburg schon 1937 als Sitz für ein Territorialkommando der Luftwaffe in den Blick genommen worden. Der damalige Intendant des Luftkreises VII informierte die kommunalen Behörden im Frühjahr dieses Jahres, dass das LGKdo III nach Hamburg verlegt werden solle. Hierfür sei ein Raumbedarf von 70 Zimmern in möglichst zusammenhängenden Gebäuden erforderlich.[39] Dazu kam es allerdings nicht. Das war 1939 anders. Tatsächlich scheint die Luftwaffe schon im Frühjahr dieses Jahres ein konkretes Auge auf das Gebiet nordöstlich von Blankenese geworfen zu haben, oder sie wurde von anderen staatlichen Stellen in Hamburg darauf aufmerksam gemacht, gerade zu der Zeit, als die Familien Liebeschütz und Plaut in die Emigration hatten gehen müssen und aufgrund der Auswanderungsbestimmungen gezwungen waren, ihren Besitz zu veräußern. Vermutlich avisierte Hamburg damals bereits das Areal dem Militärfiskus. Die Akten des Oberfinanzpräsidenten Hamburg geben bis heute einen gewissen Aufschluss über den Grundstückstransfer.[40]

In Vorbereitung der Auswanderung mussten die Familien Liebeschütz-Plaut den staatlichen Behörden ihre gesamten Vermögensverhältnisse anzeigen. Die von Hans Liebeschütz gemachten Angaben zum Grundstück Schanzkamp 52 (damalige Gemarkungsbezeichnung) lauten: »Das Grund-

39 StAHH, 131-4_1935 A 65/5.

40 Im Bestand StAHH, Oberfinanzpräsident Hamburg, 3419-15_F 1501, befindet sich der finanztechnisch-bürokratische Gesamtvorgang zur Auswanderung der Familien Liebeschütz-Plaut. Die Akten geben detailliert Auskunft v. a. über die Besitzverhältnisse bis hin zur Auflistung der Bekleidung aller Familienmitglieder.

stück mit Haupthaus und Gärtnerhaus (ohne den Neubau Nr. 50) gehört gemeinsam meiner Frau und ihrer Schwester Frau Dr. Caroline Sprinz geb. Plaut; Finanzamt Zehlendorf Steuernnr. 6/1418. Das Haus ist der Mutter der Eigentümerinnen und einer öffentlichen Schule ohne Miete zur Verfügung gestellt; das Gärtnerhaus dem Gärtner«.[41] Ende Dezember 1938, Rahel Liebeschütz war mit ihrer Mutter und den drei Kindern bereits in England, Hans wohnte noch in Blankenese, kontaktierte der Generalbevollmächtigte der Familie, der »Konsulent« (durch die NS-Gesetze vorgeschriebener Begriff für jüdische Rechtsanwälte) Dr. Hermann Zadik, den langjährigen Hausverwalter der Familie, J. H. Wrage in Blankenese bezüglich der »finanziellen Abwicklung, die den Grundbesitz in Blankenese betrifft«. Mit der Veräußerung des Grundstücks hatte Wrage im engeren Sinn zwar dann offenbar nichts zu tun. Wohl aber versteigerte er für einen Gesamterlös von 384,80 RM die im Haus der Familie Liebeschütz befindlichen »Restmobilien«, abzüglich der ihm zustehenden 84,60 RM an Gebühren. Die Mobilien von Adele Plaut aus der Villa erbrachten 1858,90 RM und ihm einen Gebührenerlös von 564,35 RM. Mithin zählte auch er zu den Profiteuren bei der Entrechtung und Vertreibung der jüdischen Bürger Blankeneses.

Der Grundstücksverkauf selbst wurde über die »Hamburger Grundstücks-Verwaltungsgesellschaft von 1938 m.b.H.« (GVG) unter Einschaltung von Maklern als »Treuhänder« sowie Beauftragten organisiert. Die vom Hamburger Gauleiter Karl Kaufmann ohne gesetzliche Legitimation gegründete Grundstücks-Verwaltungsgesellschaft[42] diente allein dazu, auch formal auf den Grundbesitz der jüdischen Eigentümer zugreifen zu können, diesen dann einer NS-gemäßen Zwangsverwaltung zu unterstellen und ihn dem Gauleiter genehmen Bewerbern »zuzuschanzen«. Unmissverständlich schrieb demzufolge die für die faktische Abwicklung des Verkaufs für die Verkäuferinnen von der GVG bestellte Nic. von der Meden & Co. Haus- und Maklerfirma der Devisenstelle beim Oberfinanzpräsidenten: »Das Grundstück ist von dem Herrn Reichsstatthalter in Hamburg beschlagnahmt worden«.[43] Augenscheinlich war es von vorneherein – vermutlich seit

41 StAHH, Oberfinanzpräsident Hamburg, 3419–15_F 1501.

42 Zur Hamburger Grundstücks-Verwaltungsgesellschaft von 1938 m.b.H vgl. Frank Bajohr, »Arisierung« in Hamburg. Die Verdrängung jüdischer Unternehmer 1933–1945, Hamburg 1997, S. 290–297.

43 StAHH, Oberfinanzpräsident Hamburg, 3419–15_F 1501, Nic. von der Meden & Co an Oberfinanzpräsidenten Hamburg, Devisenstelle, 9.10.1939.

Frühjahr 1939 – für die Luftwaffe bestimmt gewesen. Wie sonst wäre erklärlich, dass der Kaufvertrag am 13. Juli 1939 auf der Grundlage des hamburgischen Gesetzes über Angelegenheiten der freiwilligen Gerichtsbarkeit vom 19. Dezember 1899 vor dem Regierungsoberinspektor des LGKdo XI Bruno Landsberger als beurkundendem Beamten vollzogen worden ist.[44] Die Grundstücksübergabe war im Übrigen bereits am 1. Juli 1939 erfolgt, während die Umschreibung im Grundbuch auf das »Deutsche Reich – Reichfiskus Luftfahrt« am 25. Oktober dieses Jahres stattfand. Bei den Verkaufsverhandlungen im Juli vertrat die Seite der damals noch im Grundbuch eingetragenen Eigentümerinnen »Herr Hans Walter Günther, Hamburg, Börsenbrücke 8, handelnd als Untertreuhändler (sic!) und Bevollmächtigter der Hamburgischen Grundstücksverwaltungs-Gesellschaft von 1938 m.b.H. laut notarieller Vollmacht vom 9. Februar 1939, diese wiederum handelnd als Treuhänderin für den Herrn Reichsstatthalter in Hamburg«. Von der Käuferseite war aus Hannover der Regierungsassessor des LGKdo XI Joachim Freutel erschienen. Für 125.000 RM, was etwas über dem Einheitswert von 101.300 RM (Stand 1. Januar 1935) lag, wechselte das 56.000 m² große Areal den Besitzer. Bemerkenswert ist auch der Passus, dass der Käufer eine Ausgleichszahlung von 40.000 RM »an das Deutsche Reich zu Händen der Verwaltung zum Handel, Schiffahrt und Gewerbe, Hamburg 36, Stadthausbrücke 22« zu leisten habe. Dahinter verbarg sich faktisch die uneingeschränkte Verfügbarkeit dieser und anderer aus der »Arisierung« jüdischen Grundbesitzes erzielter Beträge durch die Hamburger NSDAP und dessen Gauleiter, war die Hamburger Wirtschaftsverwaltung doch auf die Funktion eines administrativen Vollzugsorgans reduziert worden.

Ein Stück weit lässt sich in den Akten noch der weitere Zahlungsverlauf dieser Grundstückstransaktion belegbar nachvollziehen. Rahel Liebeschütz und ihrer Schwester Caroline Sprinz wurden abzüglich der Beurkundungs- und Maklergebühren je 60.635,11 RM überwiesen. Allerdings hatten sie, die zu diesem Zeitpunkt ja längst in England lebten, nichts davon, wurden die Gelder doch auf sogenannten Ausländer-Sperrguthaben eingefroren. Mit 3567 RM profitierte die Maklerfirma Nic. von der Meden & Co. von diesem unter NS-Bedingungen vonstattengegangenen Verkauf.[45] Im letzten erhalte-

44 StAHH, Oberfinanzpräsident Hamburg, 3419–15_F 1501, Kaufvertrag 13.7.1939 (Abschrift 25.7.1939).
45 StAHH Oberfinanzpräsident Hamburg, 314–15_F 1501, LGKdo XI Zahlungsaufstellung betr. Grund-

nen Schriftstück, eine von der Devisenstelle beim Hamburger Oberfinanzpräsidenten der Geheimen Staatspolizei/Staatspolizeileitstelle Hamburg am 24. April 1942 übermittelten Vermögensaufstellung[46] der Eheleute Liebeschütz »England früher Blankenese«, steht u. a.: »Bei der Hamburgischen Grundstücksverwaltungsgesellschaft von 1938 ½ Anteil am Verkaufserlös des Grundstücks Schanzkamp 50/52 (etwa 60.000 RM) für Frau Rahel L.«. Augenscheinlich auch an anderer Stelle bereicherte sich der Reichsfiskus in Gestalt des LGKdos XI in diesem Jahr am Besitz eines jüdischen Bürgers in Blankenese. Aufgrund der »Verordnung über die Anmeldung des Vermögens von Juden« vom 26. April 1938 sowie der »Verordnung über den Einsatz des jüdischen Vermögens« vom 3. Dezember 1938 – Teile der NS-Raubgesetzgebung – wurde gegenüber dem Fabrikanten Dr. Walter Alexander eine »Sicherungsanordnung« erlassen. Dieser euphemistische Begriff hieß nichts anderes, als dass der sich gemäß den NS-Rassegesetzen zu nennende Walter »Israel« Alexander über sein Vermögen nur mehr innerhalb eines engen Rahmens und unter Einschaltung staatlicher »Treuhänder« verfügen konnte. Mit anderen Worten, der NS-Staat sicherte sich den Zugriff auf den Besitz der jüdischen Bürger. Im vorliegenden Fall hat es den Anschein, dass Walter Alexander im Herbst 1939 seine herrschaftliche Villa am Bahnhofsplatz 15 (heute Erik-Blumenfeld-Platz) in Blankenese für 50.000 RM an das »Deutsche Reich – Reichfiskus Luftfahrt – vertreten durch das Luftgaukommando XI in Hannover« verkaufen musste.[47] Wozu und ob überhaupt das LGKdo das Gebäude nutzte ist bislang nicht bekannt. Wohl aber erhob der Sohn 1950 offenbar erfolgreich Anspruch auf Rückerstattung. Dr. Walter Alexander und seine Frau Hedwig hingegen waren am 19. Juli 1942 nach Theresienstadt deportiert worden und dort am 6. Dezember 1942 mit 72 Jahren bzw. am 15. Februar 1943 mit 65 Jahren verstorben. Es ist unbekannt, ob sie verhungerten oder man sie anderweitig ermordet hatte. »Blutzersetzung und Herzmuskelentartung« bzw. »Wundrose und Durchfall« stand auf den Todesfallanzeigen.[48] Heute erinnern zwei Stolpersteine an beide vor

stück Schanzkamp 50/52, 28.11.1939.

46 StAHH, 314–15_F 1501.

47 StAHH, 314–15_R1939_0750, Oberfinanzpräsident Hamburg-Devisenstelle, Aktenkonvolut zum Vorgang Sicherungsanordnung Dr. Walter Alexander, 1939–1950.

48 Stolpersteine Hamburg, Eintrag Dr. Walter und Hedwig Alexander (https://www.stolpersteine-hamburg.de/?&MAIN_ID=7&r_name=dr.+walter+alexander&r_strasse=&r_bezirk=2&r_stteil=&r_sort=Nachname_AUF&recherche=recherche&submitter=suchen&BIO_ID=255; Zugriff am 2.7.2020).

ihrem ehemaligen Zuhause in Blankenese. Bereits im Frühjahr 1939 muss dem LGKdo XI klar gewesen sein, dass das Grundstück der Familien Plaut und Liebeschütz offensichtlich für den Dienstsitz nicht ausreichte. Deshalb erwarb die Intendantur des LGKdo XI am 4. Mai 1939 zusätzlich über 104.000 qm von der Familie Gätgens, denen das umliegende Land gehörte.[49] Zwei Wochen später erfuhr man in Blankenese offiziell davon, was die Luftwaffe vorhatte. Das Stadtplanungsamt teilte der hiesigen Baupolizei mit, dass das LGKdo XI im Oktober 1939 von Hannover übersiedeln werde. Auf dem Gelände entlang der Manteuffelstraße würden vorläufig erdgeschossige Bürogebäude in Holz auf massivem Sockel errichtet werden. Weiterhin gebe es Gebäude in zweigeschossiger Massivbauweise. Freilich dachte die Luftwaffe für die Zukunft in weitaus größeren Dimensionen und teilte dem Hamburger Stadtplanungsamt mit:

> *Diese Anlage ist als Provisorium auf die Dauer von etwa 5 Jahren gedacht. Es ist vorgesehen, das Luftgaukommando in einem der Hochhäuser der Elbufergestaltung in der Gegend des heutigen Altonaer Rathauses unterzubringen.*[50]

Zunächst sollten lediglich 1200 Personen des Büropersonals nach Blankenese übersiedeln, eine ohnehin schon enorme Vervielfachung der bisherigen Bevölkerung auf dem Geesthang. Und dies noch bis zum 31. Oktober 1939. Tatsächlich plante die Luftwaffe für die Zukunft ganz im Sinne der nationalsozialistischen Hybris weitaus gigantischer. Nach einem fünfjährigen Provisorium in Blankenese wollte man auf einer Netto-Nutzfläche von bis zu 30.000 qm innerhalb der von den NS-Machthabern projektierten neuen Elbufergestaltung bei Altona repräsentieren, augenscheinlich gedacht als eine weitere Aufwertung der Elbuferplanungen: »Es erscheint erwünscht, das Luftgaukommando XI für eine Unterbringung im Rahmen der Elbufergestaltung zu gewinnen.«[51]

---

49 StAHH, 424–15_935, Abschriften aus dem Urkundenregister des Grundbuchamtes über Ankäufe von Grundstücken für Unterbringung des Stabes des LGKdos XI vom 4.5.1939.

50 StAHH, 424–15_93, Stadtplanungsamt Hamburg an die Verwaltung des Landbezirks Hamburg, Dienstelle Blankenese, Baupolizei vom 15.5.1939.

51 StA Hamburg, 322–3_A 177, Stadtplanungsamt Hamburg an den Reichsstatthalter von Hamburg (Durchführungsstelle für die Neugestaltung der Hansestadt Hamburg/Der Architekt des Elbufers) vom 14.6.1939.

Als Selbst- und Machtdarstellung spielte die Monumentalarchitektur im Nationalsozialismus generell eine besonders wichtige Rolle. Nach dem Gesetz vom 4. Oktober 1937 über die »Neugestaltung deutscher Städte« sollten fünf sogenannte Führerstädte, die Gauhauptstädte und einige besonders bestimmte Städte nach den ihnen zugedachten Funktionen baulich umgestaltet oder ergänzt werden. Der Gauhauptstadt Hamburg war unter dem für alle Gauhauptstädte angeordneten einheitlichen Schema das Thema »Welthandel« zugewiesen worden. Das Vorhaben einer extrem breiten Hochstraße unter Inkaufnahme des Abrisses der Palmaille, eines Gauforums als Aufmarschplatz mit flankierenden, bis zu 60 Metern hohen Hochhäusern sowie einem 250 Meter aufragenden Gauhochhaus als visuellem Herrschaftszeichen kam über die Projektphase glücklicherweise nicht hinaus. Der Zweite Weltkrieg verhinderte die Ausführung. Wenigstens teilweise entstand für das Luftgaukommando XI allerdings ein repräsentativer Dienstsitz in Blankenese.

Repräsentationsbedürfnisse des Militärs

Die nationalsozialistische Aufrüstung in den 1930er Jahren führte u. a. zu einem Bauprogramm größten Ausmaßes für die Wehrmacht. Hunderte von militärischen Liegenschaften wurden innerhalb kurzer Zeit errichtet. So baute man beispielsweise zwischen 1934 und 1938 über 530 Heereskasernen mit etwa 2500 Mannschaftshäusern sowie u. a. Lazarette, Bekleidungslager, Munitionsanstalten und über 31.000 Familienwohnungen.[52] Die Luftwaffe als junger Wehrmachtteil konnte sich dabei nur bedingt auf eine etablierte, eigene Bauverwaltung abstützen, worüber das Heer schon seit dem 19. Jahrhundert verfügte. Die relativ überstürzte Herauslösung des Militärflugwesens aus Heer und Marine ab 1933, gefolgt von der Bildung einer eigenen Luftwaffenbauverwaltung[53] mit einer kleinen Zentralstelle im Reichsluftfahrtministerium, sowie die Versuche, den Aufbau geheim zu

52 Vgl. Wolfgang Schmidt, Nutzung und Bauform von Kasernenbauten in den dreißiger Jahren, in: Udo Mainzer (Hrsg.): Militärbauten und Denkmalpflege, Essen 2000, S. 35–56.

53 Zur Geschichte der Luftwaffenbauverwaltung Elke Dittrich, Ernst Sagebiel. Leben und Werk 1892–1970, Berlin 2005, passim.

halten, führten dazu, dass sich das Bauwesen der Luftwaffe zunächst eher spontan, unplanmäßig und gleichsam experimentell entwickelte. Die Bauaufgaben der Luftwaffe reichten von Flugplätzen, technischen Einrichtungen und Übungsplätzen über Kasernenanlagen bis hin zu Verwaltungs- und Repräsentationsbauten. Der nationalsozialistischen Hierarchieauffassung zufolge hatte die Architektur im staatlichen Hochbau diesem Anspruch auch zu entsprechen.[54]

Während die aus ideologischen Gründen offiziös verfemte Architekturmoderne mit ihrer rationalistischen Anmutung lediglich im Ingenieurbau etwa bei Fliegerhorsten oder Nachschubeinrichtungen Akzeptanz fand, galt solches für die in der Hierarchie höher rangierenden Bauten, wie sie Dienstgebäude für LGKdos etwa darstellten, nicht. Hier war systemimmanent der Anspruch an ein repräsentatives Äußeres weitaus größer, wofür nur klassizistische Fassadenanmutungen in Frage kamen. Aus dieser Perspektive verbot sich eine Bindung an die Moderne geradezu. Während die Architekten der meisten Luftwaffenbauten hinter einer auch ideologisch passlichen »Werkgemeinschaft« oder einer generell im staatlichen Hochbau praktizierten Üblichkeit folgend anonym blieben oder weil ohne Teamleistung die enorme Zahl an Bauten gar nicht so schnell realisiert werden konnte, zog man für repräsentative Verwaltungsbauten durchaus namhafte Architekten heran. In aller Regel entsprachen diese bis auf wenige Ausnahmen dem konservativen Diktum ihrer Auftraggeber.

Gemeinsames Merkmal für die Repräsentationsarchitektur der Luftwaffe waren in der Regel axiale Symmetrien sowie dem Schlossbau entlehnte mehrflügelige Kubaturen mit einer in den öffentlichen Raum weisenden Schauseite. Zugleich griff man vorhandene lokale Gegebenheiten oder auch regionale Bautraditionen auf oder zitierte neoklassizistische Formen, denen als eine Art von herrschaftlichem Ewigkeitsgestus eine ideologische Entsprechung zugemessen wurde. Der nach den Plänen von German Bestelmeyer (1874–1942) in München entlang der Prinzregentenstraße errichtete monumentale Dienstsitz des LGKdos VII lehnte sich beispielsweise in der Fassadengestaltung an die aus Renaissance, Barock und Rokoko herrührenden historisierenden Elemente des gegenüberliegenden Bayerischen Na-

54 Grundlegend Helmut Weihsmann, Bauen unterm Hakenkreuz. Architektur des Untergangs, Wien 1998.

tionalmuseums (erbaut 1900) an. Freilich der Zweckbestimmung und den Zielsetzungen der Zeit entsprechend mit steinernen Appliken von Stahlhelmen über den Fensterlaibungen, Luftwaffenadlern oder eisernen Fenstergittern in Hakenkreuzform demonstrativ garniert.

Für das LGKdo IV in Dresden entwarf Wilhelm Kreis (1873–1955) einen um einen Ehrenhof streng symmetrisch angelegten großen Komplex. Das in grobem Neoklassizismus ausgeführte, mehrflügelige Zentralgebäude wurde durch einen Portikus akzentuiert, über dem ein steinerner Relieffries mit Ikarus, Vulkanus und einige Kriegerdarstellungen die spezifische Zweckbestimmung des Gebäudes unzweideutig nach außen kommunizierten. Symmetrie bestimmte auch der 1935/36 in Kiel nach Plänen von Ernst Sagebiel (1892–1970) erbaute Dienstsitz für das dortige Luftkreiskommando. Das als breitgelagertes »U« symmetrisch angelegte, dreigeschossige Gebäude erstreckt sich mit der Schauseite zur Förde. Die an die lokale Tradition angelehnte Ausführung der Fassade in dunklem Backstein wird durch die Fensterrahmung und die mit Sockel, Traufgesims und Eckquaderung vollständige Einfassung der Gebäudeteile in Tuffstein kontrastiert. Der Hauptzugang des von einem Walmdach bekrönten Gebäudes liegt an der Landseite, wo die Dreiflügelanlage zusammen mit den beidseitig vorgelagerten Wachgebäuden einen Hof umschließt.

Innerhalb dieses politisch intendierten Gestaltungs- und Inszenierungskontexts ist auch das Dienstgebäude des LGKdos XI in Blankenese gedacht und zu verstehen. Wenngleich es hier zu gewissen Abwandlungen gekommen ist, die einerseits von der umgebenden Bebauung und andererseits vermutlich zu einem nicht unwesentlichen Grad vom Zeitpunkt der Baumaßnahme herrührten. Unter der Riege der Luftgaukommandogebäude im Deutschen Reich war es das letzte und auch das in der Fassadengestaltung relativ mit am schlichtesten sowie am kleinsten, welches die Luftwaffe 1939/40 errichten ließ. Weil als Effekt der rasanten nationalsozialistischen Aufrüstung die wirtschaftliche Lage des Deutschen Reiches schon 1939 so desolat geworden war, musste das ohnehin exorbitant teure und mit Rohstoffen bislang verschwenderisch umgehende Bauprogramm der Luftwaffe drastisch eingeschränkt werden. Nahezu alle Bürogebäude, Unterkünfte und weitere Nebengebäude durften nicht mehr in Dauerbauweise, sondern nur mehr als normierte Behelfsbauten errichtet werden. Dementsprechend war das Gelände nördlich der Manteuffelstraße binnen kurzem mit dutzenden Holzbaracken belegt worden, die, teilweise miteinander verbunden, ein eigenartiges städtebauliches Konglomerat inmitten einer repräsentativen Villengegend abgaben. Mit der Nutzung eines multifunktionalen Gebäudetypus aus Holzfertigteilen konnten Material, Kosten und vor allem Zeit eingespart werden und damit die Entfesselung eines Krieges beschleunigt werden. Seit 1938 fanden Baracken gerade bei der Luftwaffe verstärkt Verwendung. Die großbürgerlichen Anrainer hingegen zeigten sich jedoch bestürzt über das Vorhaben der neuen Nachbarn, welches »die schöne Landschaft und Umgebung zu verunstalten droht«[55].

Trotz Rohstoffknappheit und der erklärten Absicht eines Provisoriums für fünf Jahre verzichtete die Luftwaffe für den Dienstsitz des LGKdos XI dennoch nicht gänzlich auf repräsentative Bauten in Massivbauweise. Dem nach innen wie außen gerichteten Herrschaftsanspruch eines im hierarchischen Gefüge der Luftwaffe entsprechenden Territorialfürsten gestand man wenigstens ein Dienstgebäude zu, welches der beabsichtigten Zweckbestimmung – Verwaltung und Repräsentation – entsprechen konnte. Die städtebauliche Anordnung folgte dem hierfür bei den anderen Luftgaukommandobauten etablierten Kanon. Das weit von der Manteuffelstraße in das Gelände zurückgesetzte dreiflügelige Dienstgebäude zu zwei Geschossen ist aus traditionell in Norddeutschland verwendeten Backsteinen errichtet und wird von einem Walmdach gedeckt. Der zumeist durch konventionelle, hochrechteckige Fenster monoton gegliederten Fassade ist in der Mitte des Gebäudes ein dem klassizistischen Formenkanon entlehnter Portikus vorgelagert, dessen gedrängte dorische Säulen einen Balkon tragen. Er akzentuiert den Haupteingang. Der rechte Gebäudeflügel wird zu beiden Seiten von länglichen, hoch aufragenden und kassettierten Fenstern bestimmt, hintern denen sich ein großer Kino- bzw. Vortragssaal befindet, der das gesamte Raumvolumen umfasst. Dem Dienstgebäude sind axialsymmetrisch zwei ebenfalls dreiflügelige, eingeschossige und walmbedeckte Nebengebäude vorangestellt, welche u. a. die Wache aufnehmen. Dächer schützen die als Arkaden ausgeführten Durchgänge vor Witterungseinflüssen, aufgeständert auf mit Naturstein verkleideten Pfeilern.

55 StAHH, 424-15_935, Stadtplanungsamt West an Bauabteilung LGKdo XI vom 3.6.1939.

Dienstgebäude des LGKdos XI – Nachkriegsaufnahme

Die Anordnung der Gebäude umschließt eine Art Ehrenhof, den es zu durchschreiten oder zu durchfahren gilt, um in das Zentralgebäude gelangen zu können. Die Inszenierung imitiert unzweideutig eine einem Territorialfürsten adäquate Schlossanlage. Dabei ist der in Massivbauweise ausgeführte Teil des Dienstsitzes des LGKdos XI in seinen Ausmaßen mit etwas über 100 Metern Breite bedeutend kleiner ausgefallen als vergleichbare Anlagen in Berlin, Dresden, München oder Kiel. Das Hauptgebäude umfasst ca. 6000 qm und enthält über 135 Räume. In den vorgelagerten Bauten verteilen sich noch einmal über 160 Räume auf knapp 9000 qm. Ebenso wenig wurden plastische Architekturdetails angebracht, welche die eigentliche Zweckbestimmung bildhaft nach außen hätten kommunizieren können. Abgesehen von der Größe der schlossartigen Anlage hat man sich bei der äußeren Gestaltung dem konservativen norddeutschen Heimatstil angepasst, welcher die umgebende Wohnbebauung Blankeneses in den 1930er Jahre weitgehend bestimmte. Dahinter standen wohl weniger ästhetische Erwägungen, als vielmehr die Vorstellungen und Vorgaben des baulichen Luftschutzes. Letztgenanntem suchte man auch durch die teilweise Härtung des Gebäudes zu entsprechen. Die Kellerräume wurden als Schutzräume mit Sicherheitsschleusen eingerichtet.

Haupteingang mit Portikus am Dienstgebäude des LGKdos XI, heute Stabsgebäude der FüAkBw 2020

Während bei den übrigen Dienstgebäuden der LGKdos die Entwürfe zuweilen aus der Hand sogenannter freier Architekten kamen, zeichneten für Hamburg-Blankenese Mitarbeiter der luftgaueigenen Bauverwaltung dafür verantwortlich. Eine wesentliche Aufgabe der LGKdos waren der Auf- und Ausbau der gesamten Luftwaffen-Bodenorganisation im territorialen Einsatzbereich. Innerhalb der für sämtliche Verwaltungsaufgaben zuständigen Intendantur des LGKdos XI existierte bis zur Überleitung des gesamten Luftwaffenbauapparats an die paramilitärische »Organisation Todt« im Sommer 1944 eine eigene Baugruppe, bestehend aus Fachabteilungen für Allgemeine Bauangelegenheiten, Vertrags- und Rechnungswesen, Entwurfsabteilung für generelle Planungen und Hochbau, Ingenieurbau, Elektro- und Maschinenwesen sowie eine Vermessungsabteilung. Sie besorgte die technische Durchführung der gesamten Planungen und der Ausführung aller Bauten, wobei die bautechnischen Weisungen vom Reichsluftfahrtministerium kamen. Die Baugruppe erteilte den dezentral bei den Objekten, etwa bei den Flughafenbereichskommandos oder Fliegerhorsten, eingesetzten Bauleitungen direkte Bauanordnungen und technische Weisungen.

Während bis 1938 der Bau von Fliegerhorsten, Flakkasernen, Luftnachrichtenanlagen, Zeugämtern, Luftparks und Munitionsanstalten sowie

Teilansicht des Luftgaukommandos XI auf einer deutschen Luftaufnahme von 1943

Sonderbauten wie das Luftflottengebäude und Luftwaffenlazarett in Braunschweig im Vordergrund stand, ging es nun vornehmlich um die Anlage von sogenannten E(insatz)-Häfen eher behelfsmäßigen Charakters im Rahmen der unmittelbareren Kriegsvorbereitungen im nord- und nordwestdeutschen Raum. Zwischen 1939 und 1940, dem Zeitraum der Verlegung des LGKdos XI nach Hamburg, verfügte die Baugruppe über 4500 technisches und Verwaltungspersonal, welche etwa 150.000 Arbeitskräfte steuerte. In der im Auftrag der Engländer verfassten Geschichte des Luftgaus notierte Befehlshaber Wolff hinsichtlich seines zukünftigen Dienstsitzes für das Jahresende 1939: »Auch der Bau des Luftgaukdos. in Blankenese war schon im guten Werden.«[56] Einerseits kann dies als Fertigstellungstermin für 1940 verstanden werden, zumal die Baugruppe in ihrem der Geschichte des Luftgaus XI zuarbeitenden Teil schrieb: »Das Frühjahr 1940 brachte die Verlegung des Stabes LGK nach Hamburg und damit eine günstigere Lage zu den Schwerpunkten der Bauten.« Andererseits wird man die Ausführungen Wolffs wohl auch als einen indirekten Hinweis auf die Autorenschaft der Blankeneser Anlage durch die luftgaueigene Bauverwaltung zu interpretie-

56 BArch, RL 19/424, Die Geschichte des Luftgau XI, 13.8.1945, S. 10.

In der oberen Bildhälfte Gesamtansicht des Dienstsitzes des LGKdos XI auf einer US-Luftaufnahme von 1944

ren haben. Einen weiteren Hinweis dazu gibt ein im Staatsarchiv Hamburg erhalten gebliebener Lageplan im Maßstab 1:1000.

Auch wenn die darauf situierte Gebäudeanordnung außer einer gewissen Grundverteilung so nicht umgesetzt worden ist, trägt der Plan einen am 18. Mai 1939 von einem Angehörigen der Bauverwaltung Luftgau XI unterschriebenen Prüfvermerk.[57] Bemerkenswert an diesem Situationsplan ist auch, dass sich das Baugelände noch nicht auf das Areal der Familien Liebeschütz-Plaut erstreckte, welches im linken oberen Bereich der folgenden Zeichnung nur angedeutet scheint.

Regierungsbaurat Rudolph Grimm

Der verantwortliche Architekt für das LGKdo XI war der Regierungsbaurat Rudolph Grimm (1905–1969).[58] Er gehörte zur Riege jener jungen Techniker, die nach dem Studium in den 1920er Jahren an der Technischen Hochschule München Mitarbeiter der sogenannten Bayerischen Postbauschule geworden waren. Die Abteilung der Reichspost in München verfügte über eine eigenständige Bauabteilung, die zwischen 1920 und 1935 etwa 350 Postdienstgebäude in Dörfern und Kleinstädten in zeitgemäß-modernistischem Format errichten ließ. Nach der Auflösung der bayerischen Postbauabteilung 1934 fanden zahlreiche ihrer Architekten eine Anstellung bei der händeringend nach Fachpersonal für die Aufrüstung suchenden Luftwaffenbauverwaltung.[59] Sie waren fachlich geschult, hatten als fähige Gestalter etwas vorzuweisen und erfüllten vor allem die laufbahnmäßigen Voraussetzungen für den Staatsdienst. Grimm, der 1931 auch die Staatsprüfung zum Regierungsbaumeister abgelegt hatte, war im Januar 1936 als Angestellter in die Dienste der Luftwaffe getreten und mit der stellvertretenden Bauleitung des Fliegerhorstes Landsberg am Lech beauftragt worden. Später

57 StAHH, 424-15_935. Ein weiterer Stempelabdruck »Zur Ausführung genehmigt« blieb unausgefüllt.

58 Matthias Donath, Hamburg 1933–1945. »Führerstadt« an der Elbe, Petersberg 2011, S. 134. Im Bundesarchiv ist die im Luftwaffenpersonalamt des Reichsluftfahrtministeriums zu Rudolph Grimm geführte Personalakte erhalten geblieben (BArch, Abt. Militärarchiv, Pers 10452). Sie beinhaltet neben dem Wehrstammbuch einzelne Personalverfügungen zwischen 1937 und 1943, Gehaltsnachweise sowie eine Beurteilung.

59 Vgl. Wolfgang Voigt, Von der Postbauschule zur Luftwaffenmoderne, in: Florian Aicher u. Uwe Depper (Hrsg.): Robert Vorhoelzer – Ein Architektenleben, München 1990, S. 162–167.

in der Planungsabteilung des Luftkreiskommandos Kiel verwendet, wurde er am 1. Mai 1939 als Regierungsbaurat und als Gruppenleiter für das Hochbauwesen im LGKdo XI übernommen. Mit dem Rang zunächst eines Hauptmanns, dann eines Majors verbunden war das Tragen der Uniform eines Regierungsbaubeamten der Luftwaffe. Sie entsprach im Grundsatz der fliegerblauen Offiziersadjustierung. Lediglich die Rangabzeichen auf den Kragenspiegeln zeigten keine stilisierten Schwingen, sondern Dreiecke in Silbergespinst auf braunem Stoff.

Voraussetzung für die Einstellung in den Staatsdienst war allerdings eine Bestätigung seiner politischen Zuverlässigkeit, welche Grimm eigentlich schon mit seinem Eintritt in die NSDAP am 1. Dezember 1937 (Mitglieds-Nr. 4.458.155) unter Beweis gestellt zu haben schien. Der Stab des Stellvertreters des Führers der Nationalsozialistischen Deutschen Arbeiterpartei (Rudolf Heß) in München bestätigte gleichwohl dem Reichsminister der Luftfahrt und Oberbefehlshaber der Wehrmacht am 25. März 1939, »dass gegen die beabsichtigte Ernennung des Regierungsbaumeisters a. D. Rudolph Grimm zum Regierungsbaurat politisch keine Bedenken erhoben werden können«.[60]

Grimms berufliches Herkommen von der Architekturmoderne der 1920er und frühen 1930er Jahre bildete sich freilich in keiner Weise beim LGKdo XI in Blankenese ab. Sollte dem Eintritt in die NSDAP nicht Opportunismus zu Grunde gelegen haben, so mag man dies auch als sein Akzeptieren der architektonischen Herrschaftslinie interpretieren. Die Bauaufgabe selbst erlaubte im Lichte des bereits an anderen Stellen ausgeführten Kanons für diese Art von militärischen Verwaltungsgebäuden ohnehin kaum gestalterische Freiheiten. Ob ihn die schöpferische Engführung am Ende gar belastet hat, wissen wir bislang zwar nicht. Wohl aber glaubten seine Vorgesetzten dessen eigentliche Neigungen zu erkennen:

Er ist ein Architekt mit bemerkenswerter künstlerischer Veranlagung. Unter den vielgestaltigen Aufgaben, die dem Leiter der Gruppe Hochbau obliegen, zieht er die Aufgaben gestaltender Art den technisch konstruktiven vor. Ersteren Aufgaben widmet er sich mit äußerster Hingabe, vermag sie jedoch nur teilweise seinen Mitarbeitern und Untergebenen

60 BArch, Abt. Militärarchiv, Pers 10452, Personalakte Rudolph Grimm.

zu vermitteln. Bauverwaltungsaufgaben gegenüber wie auch Fragen der Organisation seines Arbeitsgebietes beweist er wenig Interesse.[61]

Im Lichte der Beurteilung seines vorgesetzten Baudirektors vom Herbst 1940, wonach seine »politische Einstellung (...) rückhaltlosen Einsatz für den nationalsozialistischen Staat« verbürge, wird man Grimm zumindest attestieren dürfen, dass er keinesfalls in Distanz zu den Forderungen des Regimes in baukünstlerischer Hinsicht stand. Auch das zweite Gebäude in Massivbauweise auf dem Gelände des LGKdos XI belegt dies eindrücklich.

Innenraum, Offizierskasino und Luftgausiedlung

Das Hierarchieniveau des Luftgaukommandogebäudes spiegelt sich auch in der inneren Gestaltung wenigstens teilweise wieder. Durch den Haupteingang gelangt man in ein Foyer, welches durch mit Naturstein facettierte Fensterelemente in Raumhöhe erhellt wird – ein geradezu typisches Gestaltungsmerkmal, das auch bei den anderen LGKdos anzutreffen ist. Beidseitig öffnet sich im Erd- und Obergeschoss ein Gang, der den Zugang zu den gegenüberliegend angeordneten Büroräumen ermöglicht und der jeweils in einem weiteren Foyer mit Ausgängen an den Seiten endet. Dass es sich tatsächlich nicht um ein Schloss, sondern eigentlich um einen banalen Verwaltungsbau handelt, zeigt sich im sogenannten Behördengang, ein damals vielfach verwendetes funktionales Element. Er macht die Büros im Erd- sowie im Obergeschoss nicht nur vom Mittelgang her betretbar, sondern verbindet sie auch intern miteinander. Dass lediglich eine einhüftige, relativ steil gewendelte Treppe aus der Eingangshalle heraus den Zugang zum Obergeschoss gewährleistet, überrascht angesichts des auf Symmetrie angelegten Gestaltungskonzepts der Anlage und im Vergleich etwa zu den Dienstgebäuden der LGKdos in Berlin und München etwas. Möglicherweise ist dies in Hamburg der relativ gering bemessenen Raumtiefe geschuldet gewesen.

Im Inneren zeichnet sich der Bau gleichzeitig sowohl durch eine sach-

61 Ebd., Beurteilung durch den Baudirektor des LGKdos XI vom 15.10.1940.

Haupteingang Offizierskasino 2020

lich-schlichte als auch konventionelle Gestaltung aus. Die Böden im öffentlichen Bereich sind in etwas abwechselndem Muster mit verschiedenfarbigem Naturstein belegt. Einige Räume weisen stuckierte Deckenprofile auf oder verfügen über holzgetäfelte Wandeinbauten. Kaminverkleidungen aus Naturstein an den Wänden in einem Parterrefoyer der Seitenflügel sind lediglich zu Dekorationszwecken des eigentlich durch Zentralheizungskörper zu erwärmenden Baus angebracht worden. Damit ließ sich allerdings ein herrschaftlicher Anspruch unterstreichen.

Die Deckenleuchten und Kandelaber an den Wänden sind von gediegener handwerklicher Qualität. In ihrer Anmutung entsprechen sie dem zeittypisch konventionell-konservativen Geschmack der Epoche und waren in ähnlicher Form üblich in vergleichbaren Luftwaffenbauten. Im Kontrast dazu stehen allerdings die Ziffern und die Halterungen für Namensschilder an den Bürotüren. Sie sind als serielle Produkte aus Aluminium gefertigt und verweisen mit ihrer sachlich-schlichten Gestaltung auf Wurzeln des modernen Designs der 1920er und frühen 1930er Jahre. Man wird dahinter aber wohl kaum eine gewollte Reminiszenz an diese Epoche vermuten können, von der sich die nationalsozialistische Kunstauffassung ja abzusetzen suchte. Viel eher mag die Verwendung solch kleiner serieller Produkte dem rationalen Diktum geschuldet gewesen sein, das Gebäude bis Ende 1939,

Offizierskasino 2020

Anfang 1940 rasch fertigstellen zu müssen. Tatsächlich waren alle massiven Bauwerke erst 1941 bezugsfertig.

Zu den Notwendigkeiten militärischer Anlagen mit großem Personalkörper gehören auch entsprechende Kantinen. Auf dem nördlichen Bereich des weitgehend unangetasteten Geländes der Familien Liebeschütz-Plaut entstand hinter deren Wohngebäuden in Richtung der Altonaer-Blankeneser Bahnlinie bis 1941 ein eingeschoßiges Offizierskasino. Die große unregelmäßige Kubatur war in der Lage, die zahlreichen Offiziere, Unteroffiziere und Beamten aufzunehmen, sowohl für die Nahrungsaufnahme als auch für Übernachtungen in den im Dachgeschoss eingebrachten Offiziersunterkünften. Großzügige Raumanordnungen erlaubten zudem die Nutzung für repräsentative Angelegenheiten. Zugleich verstärkte dieser Bau den zweckgerichteten Herrschaftsanspruch der Luftwaffe in Blankenese im Allgemeinen und den des LGKdos XI im Besonderen recht eindrucksvoll.

Von einer modernen Gestaltungsauffassung, wie sie dem Herkommen des Architekten Grimm entsprochen haben mochte, ist das Gebäude doch weit entfernt. Schon das auf extrem angeböschten, wuchtigen Naturstein-Pfeilern aufgeständerte Vordach des Haupteingangs entlehnt Elemente des norddeutschen Heimatstils. Die Innenraumgestaltung bietet ein Abbild davon, was man sich unter exklusiver Repräsentation sowie zugleich unter deutscher Gemütlichkeit vorzustellen hatte und was bei relativ schlichter Ausführung im Gegensatz zu der Vorstellung einer moderaten modernen Architektur steht. Große Fest- und Speisesäle mit raumhohen Fensterzonen akzentuierten Repräsentativität. Eine Kegelbahn im Keller, stuckierte Reliefs sowie geschnitzte Verkleidungen an den Innenwänden verschiedener Aufenthaltsräume mit ihren Wandbemalungen zu den skurrilen Abenteuern des Sancho Pansa de la Mancha sowie auf Bleiglasfenstern aufgebrachte, handwerklich durch die bedeutende Lübecker Glasmalerei Berkentien[62] 1941 ausgeführte sehr gute Reproduktionen der Bilderhandschrift »Der Ausruf in Hamburg« von Christoffer Suhr aus dem Jahr 1808 mit regionalen Berufsszenen[63] geben allesamt eine heimelige Atmosphäre vor, die dem Charakter und der Zweckbestimmung der Gesamtanlage des LGKdos in gar keinem Fall entsprachen.

In bemerkenswertem Kontrast zu dem in seiner Anmutung als ein gediegenes Landhotel gestalteten Gebäude stehen allerdings die in den Wänden des gleichsam als »Hotellobby« ausgeführten Foyers bauseits eingebrachten vier Reliefs. Sie zeigen im Sinne der nationalsozialistischen Kunstauffassung antikisierende Kriegerdarstellungen und demonstrieren in dem eigentlich zur Entspannung von dienstlichen Obliegenheiten bestimmten Raumgefüge genau den Zweck, wofür das LGKdo in Hamburg bestimmt war: Zur Führung eines Krieges unter dem Diktum des nationalsozialistischen Regimes. Sie sind heute der einzige aus der Erbauungszeit übrig gebliebene, bildhafte Beleg für die eigentliche, ursprüngliche Zweckbestimmung der Gesamtanlage.

Zur Notwendigkeit, die mehreren hundert Offiziere, Unteroffiziere und Beamten nicht nur während der Dienstzeit versorgen, sondern zumindest einen Teil von ihnen mit ihren Angehörigen auch adäquat unterbringen zu können, benötigte man entsprechende Wohnungen. Im Sommer 1939 beantragte das LGKdo die Erstellung von 400 Wohnungen in Blankenese.[64] Nach den Richtlinien für die Errichtung von Reichsdarlehenswohnungen

62 Zur Glasmanufaktur Berkentien vgl. https://www.berkentienhaus.de/geschichte/ (Zugriff am 23.6.2020).

63 Der Ausruf in Hamburg vorgestellt in einhundert und zwanzig colorirten Blättern von Professor Suhr, Hamburg 1808.

64 StAHH, 424–15_935, Landesplanungsgemeinschaft Hamburg an Stadtplanungsamt West vom 12.6.1939.

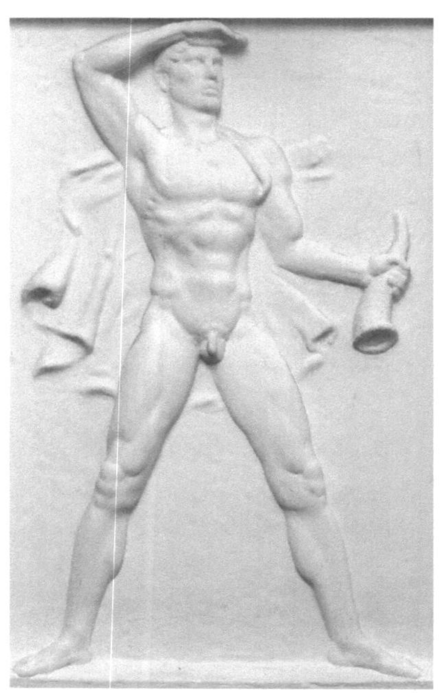

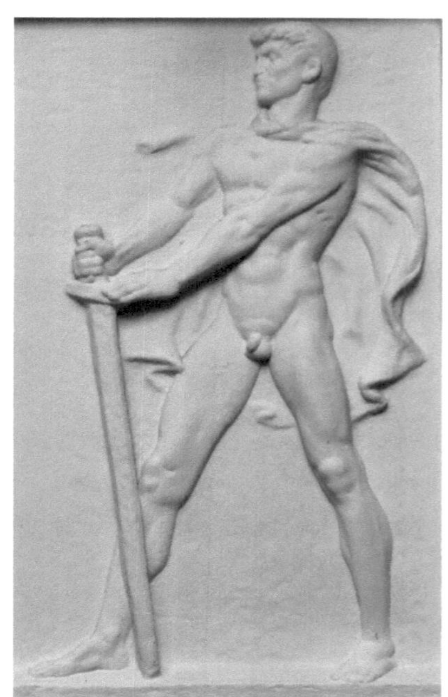

Reliefs mit Darstellung klassizistischer Krieger im Foyer des Offizierkasinos

für Offiziere und Unteroffiziere entstanden durch die Gemeinnützige Siedlungs-Aktiengesellschaft Hamburg (SAGA) daraufhin zwei Wohnkomplexe.[65] Einer wurde in der unmittelbaren Nachbarschaft des LGKdos nördlich der Bahnlinie zwischen Kronprinzen- und Tietzestraße errichtet. Eine weitere sogenannte Luftgausiedlung Osdorf nahm östlich der Langelohstraße zwischen der Arnimstraße und dem Friedensweg Gestalt an. Für die zweigeschossigen Wohnbauten mit insgesamt 252 Offiziers- und Unteroffizierswohnungen zeichnete der seit 1920 in Hamburg wirkende, auf Büro- und Geschäftsgebäude sowie genossenschaftliche Wohnanlagen spezialisierte Architekt Rudolf Klophaus (1885–1957) verantwortlich. Der zu den wichtigen gemäßigt-modernen Backsteinarchitekten Hamburgs zählende Klophaus war 1933 NSDAP-Mitglied geworden und entwickelte in seinen Bauten dieser Zeit »eine dem neuen kulturpolitischen Umfeld angepasste völkische Bauweise«.[66]

Die Zeilenbauten der Luftgausiedlungen wurden zwischen 1939 und 1941 straßenbegleitend an die Wohn- und Erschließungsstraßen angeordnet. Die einzelnen Gebäudeabschnitte sind mit Garagen verbunden. Mit den Fassaden in Edelputz und den Werksteinumrahmungen an den Eingangstüren und einigen Fenstern hebt sich die Architektur von vergleichbaren Objekten der Kategorie Geschosswohnbau ab, auch bezüglich Raumgebühr und Innenausstattung. Alle 2½-Zimmer-Wohnungen für Unteroffiziere und 3- bis 5-Zimmer-Wohnungen für Offiziere haben Parkettfußböden sowie geflieste Küchen und Sanitärräume. Im Dachgeschoss wurden Zimmer für Hausangestellte eingebracht.[67] Die durchgrünte und aufgelockerte Siedlungsanlage entsprach sowohl dem städtebaulichen Leitbild im Wohnungsbau der Zeit als auch den Vorgaben des militärischen Luftschutzes.

65 Gemeinnützige Siedlungs-Aktiengesellschaft Hamburg (Saga), Geschäftsbericht und Jahresabschluss 1939 (http://webopac.hwwa.de/digiview/DigiView_GKD.cfm?GKD=5259821-4; Zugriff am 14.1.2020). Vgl. Verantwortung für Hamburg – 90 Jahre SAGA GWG 1922–2012, o. O. o. J., S. 45 (http //epub.sub.uni-hamburg.de/epub/volltexte/2014/26812/pdf/Verantwortung_fxr_Hamburg_90_Jahre_SAGA_GWG_Broschxre.pdf; Zugriff am 14.1.2020).

66 http://www.architekten-portrait.de/rudolf_klophaus/ (Zugriff am 17.6.2020).

67 Michael Bose u. a., »… ein neues Hamburg entsteht …«. Planen und Bauen von 1933–1945, Hamburg 1986, S. 105.

Keine Ziegelsteine aus Neuengamme

Über den Fertigstellungstermin lässt sich im Übrigen auch eine bis heute immer wieder kolportierte Geschichte widerlegen. So heißt es, dass die verwendeten Ziegelsteine ursprünglich für die im Rahmen der Elbufergestaltung vorgesehene, dann aber nicht realisierte Brücke über die Elbe bestimmt gewesen sein sollen. Es seien Steine gewesen, welche in einer eigens für die Hamburger NS-Bauvorhaben vom Konzentrationslager Neuengamme betriebenen Ziegelei produziert worden wären. Dass Ziegel aus KZ-Produktion beim LGKdo XI verbaut wurden, ist jedoch ausgeschlossen. Die Ziegelproduktion begann in Neuengamme erst am 15. Juli 1942 in dem nur teilweise fertiggestellten Klinkerwerk.[68] Ungeachtet dessen steht die Tatbeteiligung des LGKdos XI auf anderen Gebieten an der verbrecherischen Ausbeutung der Häftlinge des KZ-Neuengamme namentlich in den letzten drei Jahren des Zweiten Weltkrieges zweifelsfrei fest.

Luftgausiedlung 1950er Jahre

68 Mitteilung der Gedenkstätte Konzentrationslager Neuengamme vom 29.6.2017. Vgl. auch Hermann Kaienburg, »Vernichtung durch Arbeit.« Der Fall Neuengamme, Bonn 1990, S. 254–263.

Die 1939 begonnene bauliche Militarisierung um die Villa Plaut war zunächst als ein Provisorium gedacht. Für fünf Jahre sollte es dem LGKdo XI als Kommandozentrale dienen, um dann seinen endgültigen Sitz in einem der geplanten Hochhäuser entlang der gigantischen nationalsozialistischen Elbufergestaltung Hamburgs zu erhalten. Der Zweite Weltkrieg machte ein solches Unterfangen zunichte. Dennoch zeugen einige der raumgreifenden und repräsentativen Kubaturen aus regionaltypischem Backstein auf dem Gelände in Blankenese bis heute vom damaligen militärischen Herrschaftsanspruch.
In elitärem Selbstverständnis maß die Luftwaffe den Verwaltungsgebäuden ihrer territorialen Organisationseinheiten, den LGKdos, eine hierarchieadäquate Anmutung zu. Ausgehend von der Manteuffelstraße entfaltete man um eine Art Ehrenhof ein Gebäudeensemble, dessen Erscheinungsformen unzweideutig dem Schlossbau entlehnt wurden. Wenn man so will, außen wie innen eine Art theaterhafte Kulissenarchitektur für Verwaltungsaufgaben von gewiss nicht banaler Natur. Ging es doch darin bis 1945 um die Teil-Organisation des nationalsozialistischen Luftkrieges im nordwestdeutschen Raum und darüber hinaus. Repräsentation im Gewand des norddeutschen Heimatstils prägte auch das weitläufige Offizierskasino mit seinen großen Sälen und kleineren Räumlichkeiten zur Geselligkeit.
In eigentümlichem Kontrast zu den mit hochwertigen Materialien aufgeführten zweigeschossigen Bauten als der ideologieadäquaten Schauseite des LGKdos XI standen freilich die unzähligen eingeschossigen Baracken aus genormten Holzfertigteilen. Sie gaben dem Areal ein doch behelfsmäßiges Antlitz. Das war keineswegs ungewöhnlich, bei den zahllosen Militärneubauten im Deutschen Reich anzutreffen und dem Willen des Regimes auf einen raschen Kriegsbeginn geschuldet.

Krieg – Das Luftgaukommando XI im Zweiten Weltkrieg

Organisation und Praxis

Das Aufgabenspektrum eines Luftgaus bestimmte auch dessen Organisationsstruktur. Über die Stabsgliederung des LGKdos XI gibt der im Auftrag der britischen Streitkräfte verfasste Bericht des Generals Wolff wenigstens für die letzten Monate des Zweiten Weltkrieges sehr detailliert mit Namensnennungen Auskunft. Dem Kommandeur des Luftgaus XI waren demnach unmittelbar unterstellt sein Chef des Generalstabs im Rang eines Obersts i. G. als zentralem Steuerungselement der verschiedenen Stabsabteilungen. Weiterhin unterstanden ihm unmittelbar der für die Gesamtverwaltung zuständige Generalintendant, ein uniformierter Wehrmachtbeamter äquivalent zu einem Generalmajor, die Nationalsozialistische Führungsgruppe (eingeführt Ende 1943/Anfang 1944), die von einem Oberstleutnant geführt wurde, sowie das Luftwaffenfeldgericht III, dem ein uniformierter Oberstrichter äquivalent zu einem Oberst vorsaß. Dem Chef des Generalstabes waren unterstellt: Führungsgruppe I a (Aufgabenbereiche des fliegerischen Dienstes), selbstständige Abteilung I a Flak, Selbstständige Abteilung I a Luftschutz, Gruppe I c (Nachrichtenwesen, Presse, Abwehr, Archiv, Kartenstelle), Quartiermeister (Versorgung und Baumaßnahmen), Nachrichtenführer, Gruppe II a (Personalangelegenheiten, Adjutantur, Kommandant Stabsquartier), Gruppe II b (Personalwesen und Geschäftsbetrieb), Gruppe IV b (Luftgauarzt) sowie der Wetterdienst. Der Luftgaustab umfasste etwa zwischen 250 bis 300 Offiziere bzw. Beamte sowie bis zu 2000 Unteroffiziere und Mannschaften. Aufgrund der Tatsache, dass ein Luftgaustab hauptsächlich mit Versorgungs-, Verwaltungs- und organisatorischen Luftverteidigungs- sowie Luftschutzaufgaben befasst war, traten die reinen taktisch-operativen Führungsaufgaben und auch das hierfür eingesetzte Personal dahinter zurück. Anhand der aktiven Luftverteidigung lässt sich dieser sukzessiv fortschreitende Prozess belegen.

So waren dem LGKdo XI von Kriegsbeginn 1939 bis 1941 der Flugmeldedienst sowie die Jagd- und Flakverbände des gesamten nordwestdeutschen Raums unterstellt.[69] Zur Abwehr feindlicher Einflüge auf Bremen und Hamburg verfügte der Befehlshaber an luftgestützten Verbänden im Wesentlichen über eine Jagd- und eine Zerstörergruppe auf den Fliegerhorsten Jever und Varel, sowie jeweils eine Jagdgruppe auf den Fliegerhorsten Nordholz, Neumünster, Schleswig bzw. Westerland. Über den Einsatz dieser Kräfte zeichnete Wolff in seiner für die Engländer verfassten Geschichte des Luftgaus XI zwar ein plastisches Bild, auf dem freilich die Lobgesänge auf die eigene, übergeordnete Führungsleistung als Weißhöhungen unübersehbar waren.

> *Es kam mir darauf an, möglichst starke Jagdkräfte geschlossen an den Feind zu bringen. Zu diesem Zweck ließ ich in Varel (später nach Jever verlegt) in Neumünster und in Westerland je eine sogenannte Jägermeldezentrale einrichten. (…) Nach Versetzung des Oberst Freiherr von Döhring (…) übertrug ich seine Aufgaben dem Oberstleutnant Schumacher, Kommandeur einer Jagdgruppe in Jever. Ich ernannte Schumacher gleichzeitig zum Jagdfliegerführer deutsche Bucht, verlegte seinen Gefechtsstand und die Jägerzentrale Varel nach Jever und gab ihm den Befehl, den Feind schon beim Anflug in der deutschen Bucht mit möglichst starken Jagdkräften anzugreifen und zu vernichten. (…) Am 18.12.1939 kam der Tag, auf den schon alle meine Jäger und Zerstörer, die sich den engl. Wickers-Wellington trotz deren starker Waffenabwehr an Geschwindigkeit überlegen fühlten, gewartet hatten. (…) Diese Luftschlacht in der deutschen Bucht dauerte höchstens 15 Minuten und endete mit der Vernichtung der Masse der feindlichen Bomber. Den Grund des großen deutschen Erfolges sehe ich in dem rechtzeitigen geschlossenen Einsatz der deutschen Jagdkräfte, dem aufgelockerten Fliegen des Feindes und in der Überlegenheit der deutschen*

69 Zu den dem LGKdo XI unterstellten Einheiten vgl. http://www.ww2.dk/ground/hq/lgxi.htm (Zugriff am 17.6.2020). Vgl. auch die Bestandsbeschreibung RL 19-11 (LGKdo XI) im Bundesarchiv, Abt. Militärarchiv. Zu den unterstellten Einheiten der Flakartillerie und den Flughafenbereichskommandos bzw. Fliegerhorstkommandanturen vgl. Georg Tessin, Verbände und Truppen der deutschen Wehrmacht und Waffen-SS im Zweiten Weltkrieg 1939–1945, Bd. 3: Die Landstreitkräfte 6–14, Frankfurt a. M. 1967, S. 197–198.

Me 109 und 110 gegenüber den britischen Bombern. Da ich mit der Fortsetzung der feindlichen Angriffe rechnete, bekümmerte ich mich persönlich um die Instandsetzung bzw. Ersatz der durch Beschuss beschädigten Jagdflugzeuge.[70]

Tatsächlich schossen die eingesetzten 50 deutschen Jagdflugzeuge an jenem Dezembertag 1939 15 von den bei strahlendem Wetter anfliegenden 22 englischen Bombenflugzeugen ab. Was auf britischer Seite dann zu einem Strategiewechsel führte, Deutschland nur mehr während der Nacht anzugreifen. Bereits am 18. Mai 1940 warfen 30 britische Kampflugzeuge dann etwa 80 Spreng- und 400 Brandbomben auf Hamburg, eine im Lichte der späteren Ereignisse eher geringe Anzahl. Bis 1945 sollten dann über 41.000 Tonnen an Bomben auf die Stadt fallen. Dennoch starben in dieser Mainacht 1940 34 Hamburger, 72 wurden verletzt. Die Angriffe im Sommer 1943 sollten dann 35.000 Menschen das Leben kosten. Der sukzessiv ansteigende Bombenkrieg gegen das Reichsgebiet demonstrierte aus Sicht einer militärischen Führungsorganisation in aller Deutlichkeit, dass die Luftgaue bei den zunehmenden Geschwindigkeiten der alliierten Flugzeuge, aufgrund deren längerer Verweildauer in der Luft sowie deren damit einhergehenden, variantenreicheren Operationsradien als Verteidigungsbereiche viel zu klein waren.

Eine Koordinierung ihrer Verteidigungsaufgaben durch eine umfassende, übergeordnete Kommandobehörde war dringend geboten und wurde mit der Bildung des Luftwaffenbefehlshabers Mitte unter dem Kommando des Generalobersten Hubert Weise (1884–1950) im Frühjahr 1941 mit Dienstsitz in Berlin-Wannsee umgesetzt, den man mit der Führung der Luftverteidigung im Reichsgebiet und im besetzten Dänemark beauftragt hatte. Letztlich änderte das aber nichts an der Tatsache, dass im Bombenkrieg auch aufgrund der vorsätzlich herbeigeführten mangelhaften Verteidigung während des Zweiten Weltkrieges bis zu 600.000 Menschen in Deutschland ihr Leben verloren. Selbst im Lichte der Ereignisse der verheerenden Angriffe auf Hamburg im Sommer 1943, die der Befehlshaber des Luftgaus XI teilweise selbst erlebte und wobei auch dessen Wohnung

70 BArch, RL 19/424, Die Geschichte des Luftgau XI, 13.8.1945, S. 14–16.

teilweise zerstört wurde und seine Frau und Tochter zu den bis zu 900.000 aus Hamburg Geflüchteten bzw. Evakuierten gehörten, brachte Wolff aber noch im Sommer 1945 sein kaum einsichtiges Unverständnis gegenüber den Briten zum Ausdruck, warum der Luftgau die Führung der Jagdkräfte verloren habe; und dies mit Worten, die gleichsam einen persönlichen Verlust zu beschreiben schienen:

> *Die Befehlsübernahme durch Generaloberst Weise brachte für den Luftgaubefehlshaber XI die traurige Nachricht, dass das ihm seit 1939 unterstellte J. G. 1 des Oberstlt. Schumacher genommen und unter einem Jagddiv. Kdeur unter dem Befehl des Lw. Befehlshabers Mitte gestellt wurde. Das Luftgaukdo., welches mit seinen, allerdings wenigen, Jägern auf das engste verbunden war, hat diese Lösung, wenn sie auch vielleicht vom höheren Gesichtspunkte richtig war, nie ganz verstehen noch weniger überwinden können. Zur Tröstung des Luftgaubefehlshabers beließ man die Jäger dem Luftgau noch einen Monat länger. Gleichzeitig bekam das Luftgaukdo. den Raum Osnabrück zur Flakluftverteidigung – sozusagen als Trostpreis – zugewiesen.*[71]

Auch wenn die aktive Kampfführung nicht zu den Aufgaben des LGKdos zählte, hatte es diesbezügliche Koordinierungs- und Unterstützungsaufgaben zu leisten, etwa im Rahmen des Flugwach- bzw. Flugmeldedienstes, der Wetterberatung, beim aktiven wie passiven Luftschutz sowie hinsichtlich der Versorgung der Kampfverbände mit Infrastruktur, Betriebsstoff und Munition.[72]

Bis zu Beginn der 2000er Jahre existierte in Blankenese ein Bauwerk, das wie kaum ein anderes den Luftkrieg über Hamburg und darüber hinaus sowie jene eben angedeuteten weiteren Teilaufgaben des LGKdos XI jedem Vorübergehenden zeigte. Im Sommer 1944 wurde neben dem rechten Eingangsgebäude zum Gelände des LGKdos in unmittelbarer Nähe der Manteuffelstraße ein massiver, zweistöckiger Hochbunker aus Beton mit knapp

71 Ebd., S. 39.

72 Für den Luftgau XI exemplarisch: https://www.geschichtsspuren.de/artikel/ruestungsproduktion-logistik/78-luftmunitionsanstalt-hoefer.html; für Luftmunitionsanstalt 3/XI Harpstedt: https://www.relikte.com/duensen/ (Zugriff am 17.6.2020); vgl. auch Timo Lumma, Die Luftmunitionsanstanstalt 6/XI Bostedt 1937–1945, 2005.

70 Metern Breite und 17 Metern Tiefe aufgerichtet. Keineswegs diente er dem Schutz der durch den Bombenkrieg auch gefährdeten Blankeneser Bevölkerung, sondern allein der geschützten Arbeit des Luftgaustabes. Dabei galt die besondere Aufmerksamkeit des LGKdos XI durchaus dem Ausbau von Schutzanlagen im nordwestdeutschen Raum, da hier Einflüge der feindlichen Bomberverbände von See her zu vermuten waren und dann im Verlauf des Zweiten Weltkrieges tatsächlich auch erfolgt sind. So entstanden bis 1944 in Braunschweig, Bremen, Bremerhaven, Cuxhaven, Emden, Flensburg, Hamburg, Hannover, Kiel, Lübeck, Oldenburg, Rostock, Salzgitter und Wilhelmshaven etwa 950 der insgesamt 3000 Bunkeranlagen Deutschlands. Schon während des Aufbaus seines Dienstsitzes 1939 will Wolff einen Befehlsbunker beantragt haben:

Hölzerner Flakturm auf dem Gelände des LGKdos XI

> *Leider wurde mein Antrag, für Führungszwecke einen Befehlsbunker zu bauen, viel zu spät genehmigt. So saß der Luftgaustab während der Großangriffe auf Hamburg ohne eigentlichen Schutz. Ich selbst hielt mich während der Angriffe auf dem 14 m hohen Kommandoturm im Luftgaugelände auf. Auf diese Weise hatte ich laufend Gelegenheit, die Lage des Flakfeuers, die Tätigkeit der eigenen Scheinwerfer und das Zusammenwirken zwischen Flakwaffe und Jägern zu studieren.*[73]

Luftaufnahmen zeigen tatsächlich einen hölzernen Beobachtungsturm zwischen den Bäumen im Bereich vor der Villa Plaut. Ein weiterer Holzturm

73 BArch, RL 19/424, Die Geschichte des Luftgau XI, 13.8.1945, S. 5.

befand sich am Westrand des Geländes, auf dessen Plattform ein kleinkalibriges Flakgeschütz stand, vermutlich als Teil der Luftverteidigungsorganisation Hamburgs. Der ab dem Spätsommer 1944 betriebsbereite betonierte Hochbunker an der Manteuffelstraße war mit den entsprechenden Fernmelde- und Führungsarmaturen ausgestattet. Dort war u. a. die sogenannte Kleine Luftmeldesammelstelle untergebracht und unterrichtete den Kommandeur des LGKdos auf Grundlage der Meldungen der Flugmeldezentrale der im Gefechtsbunker Sokrates untergebrachten 2. Jagddivision in Stade über die Luftlage im Großraum Hamburg.[74]

Unter den Bedrohungsvorstellungen des Kalten Krieges geriet der nach 1945 nicht demolierte, jedoch auch nicht weiter genutzte Bunker auf Betreiben der FüAkBw vom Ende der 1970er bis zur Mitte der 1980er Jahre in das Blickfeld der hamburgischen Zivilverteidigung. Über das weitere Vorgehen bei diesem zusehend verrottenden Bauwerk sollte auch deshalb eine baldige Entscheidung getroffen werden – Instandsetzung oder Abbruch –, weil sich »die Anlieger regelmäßig ab Herbst nach der Entlaubungsphase über den äußeren Zustand und den Anblick dieses Bauwerks beschweren.«[75] Während die FüAkBw als Nutzer des ehemaligen Luftgaukommandogeländes in den Kellern ihrer Gebäude selbst über 900 Schutzplätze verfügte und somit der Hochbunker für sie entbehrlich war, bewertete die Innenbehörde der Freien und Hansestadt Hamburg das Objekt durchaus als interessant für den Zivilschutz, weil es die einzige Einrichtung dieser Art im Hamburger Westen sei:

Der Hochbunker auf dem Gelände der Clausewitz-Kaserne wird zivilschutztaktisch wie folgt beurteilt: Das Schutzbauwerk hat ein Fassungsvermögen von 1192 Personen. Im Einzugsbereich betragen die Frequenzen der einzelnen Verkehrsträger:

Kfz-Verkehr		*etwa*	*240*	*Personen*
Omnibusse	*(2 Linien)*	*etwa*	*400*	*Personen*
S-Bahn	*(2 Linien)*	*etwa*	*5600*	*Personen*
	zusammen		*6240*	*Personen*

74 Ebd., Anlage 2: Der Flugmeldedienst im Luftgau XI, S. 12.

75 FüAkBw, Fernschreiben Akademiestab FüAkBw an Territorialkommando Schleswig-Holstein betr. Sanierung/Reaktivierung des ehemaligen Schutzbauwerkes in der Clausewitz-Kaserne vom 9.1.1984.

Hinzuzurechnen sind etwa 1570 Einwohner und ca. 762 Beschäftigte. Damit besteht im Einzugsbereich ein Schutzplatzbedarf für etwa 8570 Personen. Da sich in diesem Gebiet kein weiterer Schutzraum befindet, hält die Behörde für Inneres die Übernahme des Schutzbauwerks für Zwecke des Zivilschutzes für dringend erforderlich.[76]

Die Dringlichkeit für den Hamburger Zivilschutz relativierte sich augenscheinlich nach dem Ende des Kalten Krieges dann doch sehr. Der Bunkerbereich wurde nach der Jahrtausendwende vom Gelände der FüAkBw abgetrennt, der Betonklotz 2004/2005 abgerissen und das Areal mit Mehrfamilienhäusern bebaut.

Luftschutzpfeil am ehemaligen Dienstgebäude des LGKdo XI 2020

76 FüAkBw, Freie und Hansestadt Hamburg. Behörde für Inneres an Bundesvermögensamt Hamburg betr. Wiederverwendung des ehemaligen Luftschutzbunkers auf dem Gelände der Clausewitz-Kaserne vom 8.10.1985.

Zwangsarbeiter und Kriegsgefangene

Zu den wichtigsten Aufgaben eines LGKdos gehörten die Errichtung und die Instandsetzung fester und behelfsmäßiger Infrastrukturen, die teilweise bis heute militärisch genutzt werden oder in der jeweiligen Topografie Norddeutschlands noch erkennbar sind. Dazu gehörten Fliegerhorste mit Unterkünften und Hallen für die Fliegertruppe, Kasernen und Stellungen für die Flakartillerie und den Luftnachrichtendienst, auf dem Gebiet des Nachschubwesens Luftparks, Luftmunitionsanstalten und Tanklager sowie Bunkerbauwerke. Die diesbezügliche Bauorganisation setzte sich zusammen aus der Baugruppe im Stab des Luftgaus, zwischen vier und acht Luftwaffenbauämtern für die Flughafenbereiche sowie zahlreichen Luftwaffenbauleitungen auf den Fliegerhorsten bzw. anderen Baustellen. Um die Arbeiten bewerkstelligen zu können, bedurfte es schon in den Jahren 1939 bis 1940 außer 4500 Technikern »150.000 Arbeitskräfte einschl. Bausoldaten«[77]. Aufgrund des alliierten Luftkrieges stieg die Arbeitslast auf diesem Gebiet exorbitant an:

> *Bereits Ende des Jahres 1942 wurde die Bedrohung der deutschen Küste so stark, dass auch im Bereich des Luftgaukommando XI umfangreiche Bauarbeiten zum Schutze der Luftwaffenanlagen gegen Angriffe aus der Luft und zur Verteidigung bei etwaigen Landungen notwendig waren. (…) Zugleich begannen im ganzen Luftgaugebiet zur Stärkung der aktiven Abwehr die Vergrößerung der Jägerrollfelder auf 1400 mtr und die Anlage von Großflugplätzen für Schlechtwetternachtjagd, mit zunächst 2000, dann 3000 mtr. langen Start- und Landebahnen.*[78]

Die Berichte aus der Feder der Bauorganisation des LGKdos XI verschweigen zwar nicht, dass mit »der Länge des Krieges (…) sich in der Bereitstellung der Baustoffe und der Gestellung von Arbeitskräften immer größere Schwierigkeiten« einstellten. Andererseits rühmte man sich den Englän-

77 BArch, RL 19/424, Die Geschichte des Luftgau XI, 13.8.1945. Anlage: Beitrag zur Geschichte des LGKdos XI. Organisation und Tätigkeit der Luftwaffenbauverwaltung im Bereich Lg. Kdo. XI.
78 Ebd., Anlage: Quartiermeisters/Bau betr.: Baueinsatz der Lw.-Bauverwaltung während des Krieges im Bereich des Luftgaues XI.

dern gegenüber, dass diese Schwierigkeiten »oft in meisterhafter Weise überwunden werden konnten, um den Forderungen gerecht zu werden, die der Einsatz der Truppe verlangte. Das im Luftgau XI eingesetzte und geschulte Baupersonal hat sich in Ost und West bestens bewährt.«[79] Über das Personal für die Baumaßnahmen heißt es lapidar:

> *Zur Durchführung aller beschriebenen Bauarbeiten, auch außerhalb des Reichsgebietes (seit 1940 gehörte auch das besetzte Dänemark zum Territorium des Luftgaus XI; W. S.), bediente sich die Luftwaffe im wesentlichen der deutschen Bauunternehmungen, die nach Weisung und unter der Aufsicht der Lw.-Bauleitungen mit eigenem Gerät und Arbeitskräften die Bauarbeiten ausführten. Für Feldbefestigungen, für Stellungsbau aller Art und ähnliche Arbeiten, die nur schwer in einem Leistungsvertrag erfasst werden konnten, wurden in großem Umfange Lw.-Bautruppen und RAD-Einheiten eingesetzt, die auch teilweise zu Vertragsarbeiten bei den Firmen herangezogen wurden.*[80]

Dem Bericht zufolge gelang es selbst nach großflächigen Zerstörungen augenscheinlich problemlos, genügend Arbeitskräfte zur Verfügung gestellt zu bekommen:

> *Die behelfsmäßige Wiederherstellung der Einsatzfähigkeit der durch Teppichwürfe beschädigten Rollfelder und Starbahnen bereitete im allgemeinen keine unüberwindlichen Schwierigkeiten. Durch die mit Heer und Marine und besonders auch mit dem zivilen Sektor getroffenen Vereinbarungen, waren auf das Stichwort ›Flugplatznot‹ sofort nach einem Luftangriff alle verfügbaren Kräfte mit Gerät und Transportmittel den Horstkommandanten zur Verfügung zu stellen. Durchschnittlich standen dadurch spätestens am anderen Morgen dem Horstkommandanten und seinem Bauleiter 1000–2000 Mann mit Kraftfahrzeugen und Gespannen zur Wiederherstellungsarbeiten meist für die Dauer*

79 Ebd., Anlage: Beitrag zur Geschichte des LGKdos XI. Organisation und Tätigkeit der Luftwaffenbauverwaltung im Bereich Lg. Kdo. XI.

80 Ebd., Anlage: Quartiermeisters/Bau betr.: Baueinsatz der Lw.-Bauverwaltung während des Krieges im Bereich des Luftgaues XI.

von 3 bis 8 Tagen zur Verfügung, mit dem Erfolg, dass wenigstens eine Start- und Landebahn mit Zu- und Abrollwegen schon oft nach 24 Stunden wieder einsatzklar waren.[81]

Den Preis für diesen Erfolg zahlten freilich zahlreiche Menschen. Sie taten dies in der Mehrzahl nicht freiwillig, sondern unter Zwang. Denn hinter dieser komplexen Ablauforganisation stand auch die unmenschliche nationalsozialistische Ausbeutung der Kriegsgefangenen und Zwangsarbeiter, bei der die Verantwortlichen des Luftgaus XI in unterschiedlicher Intensität zu Tätern wurden.

Seit Kriegsbeginn 1939 stellten Kriegsgefangene einen wichtigen Faktor für die Produktivität der deutschen Kriegswirtschaft dar. Sie ersetzten die zur Wehrmacht eingezogenen Arbeiter. Die Rahmenbedingungen für den Einsatz waren 1929 in Genf durch das internationale Abkommen über die Behandlung der Kriegsgefangenen im Allgemeinen festgelegt worden. Demnach konnten mit Ausnahme der Offiziere alle gesunden Gefangenen nach ihren jeweiligen Fähigkeiten als Arbeitskräfte eingesetzt werden. Die Verantwortung über deren Wohl – Unterhalt, Versorgung, Behandlung, Entlohnung – lag auch beim Arbeitseinsatz bei der Gewahrsamsmacht.

Nach dem deutschen Überfall auf die Sowjetunion im Sommer 1941 erhöhte sich die Zahl der in deutschem Gewahrsam befindlichen Kriegsgefangenen enorm.[82] Bis zum Jahresende dürften schätzungsweise bis zu einer halben Million Rotarmisten in das Reichsgebiet verbracht worden sein. Grundsätzlich waren die Wehrkreise für die Betreuung der Kriegsgefangenen zuständig, wobei die russischen Kriegsgefangenen zumeist in sogenannten »Russenlagern« unter erbärmlichen Bedingungen untergebracht waren. Aus rassenideologischen Gründen verweigerte die Wehrmacht den Kriegsgefangenen der Roten Armee den Schutz der Genfer Konvention. Schrittweise wurden sie dann für den Arbeitseinsatz freigegeben. Im Bereich des Wehrkreises X, der den nordwestdeutschen Raum umfasste und sich teilweise mit dem Zuständigkeitsbereich des Luftgaus XI deckte,

81 Ebd., Anlage: Bericht der Quartiermeistergruppe Qu 2.
82 Hierzu umfassend Rolf Keller, Sowjetische Kriegsgefangene im Deutschen Reich 1941/42. Behandlung und Arbeitseinsatz zwischen Vernichtungspolitik und kriegswirtschaftlichen Zwängen, Göttingen 2011.

begann der »Russeneinsatz« im August 1941 im Rahmen von Kultivierungsarbeiten und beim Straßenbau für Zwecke der Wehrmacht.

Direkt für das LGKdo XI eingesetzt waren Ende 1941/Anfang 1942 u. a. 450 Gefangene zum Ausbau eines Flugplatzes auf Langeoog, vermutlich im Rahmen eines Luftwaffenbaubataillons. Insgesamt verfügte das LGKdo XI im Laufe des Krieges über 40 Baubataillone, darunter ab der zweiten Kriegshälfte fünf mit dem Zusatz »K«, was Kriegsgefangene bedeutete. Der Einsatzbereich der Luftwaffenbaubataillone erstreckte sich über den gesamten deutschen Herrschaftsbereich. Vorrangig nutzte die Luftwaffe ihre sowjetischen Kriegsgefangenen-Baubataillone zunächst für Arbeiten im besetzten Norwegen. Dem im April 1942 vom Luftgau XI aufgestellten Luftwaffenbaubataillon 31/XI wurden beispielsweise im Mai dieses Jahres 117 Gefangene zugeführt. Auch wenn zu den Kriegsgefangenen-Baueinheiten der Luftwaffe im Allgemeinen und zu denjenigen des Luftgaus XI nähere Informationen kaum vorliegen, so wird man davon ausgehen müssen, dass ein Teil der zwischen Juli 1941 und März 1942 im Wehrkreis X in den Lagern bzw. beim Arbeitseinsatz umgekommenen 25.000 Kriegsgefangenen mit in den Verantwortungsbereich des LGKdos XI fielen.

Belegbar für die unglaublichen Zustände beim Kriegsgefangenen- und auch beim Häftlingseinsatz aus den Konzentrationslagern ist die Verantwortlichkeit des Luftgaus XI beim Ausbau des Einsatzhafens in Kaltenkirchen ab 1944 zu einem sogenannten »Strahlerplatz«. Im Glauben daran, dass durch den massiven Einsatz strahlgetriebener Flugzeuge noch eine Wende im Luftkrieg gegen die Alliierten gelingen könnte, forcierte die Luftwaffe den Ausbau der dafür notwendigen Einsatzinfrastruktur. Start- und Landebahnen auf bestehenden Flugplätzen mussten verlängert und betoniert bzw. nach alliierten Fliegerangriffen ausgebessert werden. Die dafür zuständige Baugruppe in der Quartiermeisterabteilung des Luftgaustabes XI rühmte sich gegenüber den englischen Siegern ob ihrer diesbezüglichen, im Vergleich mit anderen Luftgauen guten Leistungen, denen nur durch die Luftangriffe bedauerlicherweise der Erfolg versagt worden sei:

Lediglich im Luftgaukommando XI war man wegen seiner gut ausgebauten Bodenorganisation und der zahlreich vorhandenen Startbahnen in der Lage, sofort eine ganze Reihe von Plätzen zur Verfügung zu stellen. Die 8 dänischen Plätze und die vorhandenen Großflugplätze waren ohne weiteres einsatzfähig, weitere 6 Plätze konnten nach wenigen Monaten fertiggestellt werden, da hier nur geringe Erweiterungen und Ergänzungen notwendig waren, während 9 weitere Plätze allerdings unter Anspannung aller verfügbarer Kräfte und Materialien so weit gefördert wurden, dass sie termingerecht zum 1. Juni 1945 klar gewesen wären, wenn nicht die massierten Luftangriffe im März und April und die ständige Störung der Arbeiten durch Tiefflieger den Weiterbau unmöglich gemacht hätten.[83]

Die Arbeitskräfte für den vom LGKdo XI speziell in Auftrag gegebenen Flugplatzausbau Kaltenkirchen kamen aus dem Konzentrationslager Neuengamme, das mehrere hundert Außenlager im nord- und nordwestdeutschen Raum unterhielt. Im Sommer 1944 hatte die SS für den Ausbau Kaltenkirchens ein Außenkommando eingerichtet und mit 500 bis 1000 Häftlingen verschiedenster Nationen belegt. Die Bewachung erfolgte arbeitsteilig zwischen SS-Männern und Soldaten der Luftwaffe. Wie die Leistungen des Platzausbaus, von denen sich die Bauverwaltung wenige Monate später rühmte, nach einem Luftangriff vom 7. April 1945 zustande gekommen sein mochten, lässt sich allenfalls erahnen. So erinnerten sich Augenzeugen, dass der zuständige Kommandeur des Fliegerhorstes A6/XI die sofortige Instandsetzung der Hauptstartbahn angeordnet habe: »Dazu wurde sämtliches greifbares Personal und die KZ-Häftlinge des Außenkommandos eingesetzt. Ehemalige Flugzeugführer berichteten in diesem Zusammenhang von einer erschreckenden Brutalität, mit der die Kapos die Arbeitskommandos zur Arbeit antrieben.«[84]

Bis zu 750 Häftlinge sollen an Hunger, Erschöpfung, Krankheiten und Misshandlungen umgekommen sein. An hunderten Orten im Kommandobezirk des Luftgaus XI wurden Kriegsgefangene und Zwangsarbeiter zur Arbeit gezwungen.[85] Beispielsweise 250 bis 300 bei der Luftwaffenbaulei-

---

83 BArch, RL 19/424, Die Geschichte des Luftgau XI, 13.8.1945. Anlage: Bericht der Quartiermeistergruppe Qu 2.

84 Thomas Hampel, Flugplatz Kaltenkirchen. Geschichte eines Einsatzhafens (https://www.kz-kaltenkirchen.de/images/Publikationen-Sonstiges-Archivtexte/Aufsatz_42_Flugplatz_Kaltenkirchen_Geschichte_eines_Einsatzhafens_compressed.pdf (Zugriff am 29.10.2020).

85 Kriegsgefangene u. Zwangsarbeiter in Schleswig-Holstein mit Angaben zu Orten, Zahlen und Zuständigkeiten http://www.zwangsarbeiters-h.de/ (Zugriff am 17.6.2020), Geschichte der Zwangsarbeit

tung in Büchen, bis zu 100 beim Bau des Scheinflugplatzes Iplander Moor bei Treia oder bis zu 650 im Luftwaffenzeugamt Lübeck.[86] Kriegsgefangene und Häftlinge aus den Konzentrationslagern wurden auch in den Luftmunitionsanstalten des Luftgaus XI eingesetzt. Aus dem Konzentrationslager Auschwitz deportierte man beispielsweise im Sommer 1944 500 ungarische Jüdinnen nach Ohlenstedt-Bilohe in ein von der SS bewachtes Lager, von wo aus sie täglich zur Zwangsarbeit in die Lufthauptmunitionsanstalt 2/XI in Lübberstedt gebracht wurden.[87]

Kriegsende

Das Ende des LGKdos XI im Frühjahr 1945 verlief im Grunde genommen relativ unspektakulär, zumal dessen Kompetenzen aufgrund der Kriegslage gleichsam versickert waren. Noch im Sommer 1945 echauffierte sich der ehemalige Luftgaubefehlshaber fast schon beleidigt den Engländern gegenüber, dass ihm für die bodengestützte Luftverteidigung ab Frühjahr 1944 ein eigener General der Flakartillerie zugeteilt worden war. Als wäre es gleichsam sein Eigentum, schrieb Wolff nieder:

> *Ich war an sich gegen diesen Posten, weil damit eine Mauer in der unmittelbaren Verbindung zwischen Luftgaubefehlshaber und Flak gezogen wurde, nachdem man ihm früher schon die Jäger genommen hatte. Nachdem ich von 1939–1944 ohne diese Stelle ausgekommen und meine Flakartl. in Ordnung gehalten hatte, brauchte man nicht plötzlich einen General für diese Zwecke. Aber es sollte nun mal so sein, und ich musste mich fügen. (…) Wir waren übersättigt mit Generalen und Obersten, weil man viele zu schnell befördert hatte und auch Leute befördert hatte, die man besser erst gar nicht befördert hätte.*[88]

(1939–1945), bearb. v. Forschungsgruppe »Zwangsarbeit in Schleswig-Holstein«.

86 http://vimu.info/files/animation/14_8_mm_lagerliste/Infos/Lagerliste.pdf (Zugriff am 17.6.2020): Nils Köhler u. Sebastian Lehmann, Lager, Ausländerunterkünfte und Kriegsgefangenenkommandos in Schleswig-Holstein 1939–1945.

87 https://www.spurensuche-kreis-osterholz.de/spur/luftmunitionsanstalt-lw-2-xi-muna-luebberstedt/ (Zugriff am 17.6.2020).

88 BArch, RL 19/424, Die Geschichte des Luftgau XI, 13.8.1945, 55.

Aufgrund einer Weisung Hitlers vom Januar 1945 sollte Hamburg zu einer Festung ausgebaut und bis zuletzt verteidigt werden. Eine Evakuierung der Bevölkerung war nicht vorgesehen. Vielmehr musste in Kauf genommen werden, dass »die Bevölkerung Hamburgs in gleicher Weise wie die Bevölkerung vieler anderer deutscher Städte die Zeit des Kampfes um ihre Stadt innerhalb des Stadtgebietes verbringt.«[89] Dazu befahl Gauleiter Karl Kaufmann in seiner Eigenschaft als sogenannter Reichsverteidigungskommissar u. a. einen inneren Verteidigungsring auszubauen, der im Westen bei Nienstedten an der Elbe begann und damit geographisch im Bereich des Dienstsitzes des LGKdos XI lag. Über die Art und Weise, ob und gegebenenfalls wie der Befehlshaber des Luftgaus XI in die Verteidigungsvorbereitungen Hamburgs mit einbezogen worden war, wissen wir nicht viel.

Der übergeordnete Wehrmachtsbefehlshaber im Nordbereich[90] (Oberbefehlshaber Nordwest), Generalfeldmarschall Ernst Busch (1885–1945) hatte am 22. April 1945 den dem LGKdo XI unterstellten bisherigen Kommandeur der für Hamburg zuständigen 3. Flakdivision, Generalmajor Alwin Wolz (1897–1978), zum sogenannten Kampfkommandanten als Alleinverantwortlichen für alle Verteidigungsmaßnahmen ernannt. In gewissem Sinne enttäuscht, jedenfalls etwas sarkastisch notierte Ludwig Wolff darüber in seiner Erinnerungsschrift wenige Monate später: »Da hier der Flakdiv.Kdeur. zum Kampfkdt. ernannt und dem Generalfeldmarschall Busch unmittelbar unterstellt war, war das Luftgaukommando auch hier wieder einmal die Verantwortung los.«[91] Zugleich aber gab er in seiner Schrift den Blick frei auf die chaotischen Zustände bei den deutschen Truppen in den letzten Kriegstagen vor Hamburg: »Um aber zu helfen, ließen wir aus den Versprengten der Luftwaffe auf Fliegerhorst Uetersen Kompanien und Bataillone bilden und stellten sie notdürftig mit Bekleidung und Waffen ausgestattet zur Verteidigung der Elbelinie beiderseits Hamburg und Lauenburg zur Verfügung.«

---

89 Fernschreiben des Chefs des Generalstabs des Führungsstabes Nordküste an Reichsverteidigungskommissar und Gauleiter Karl Kaufmann vom 8.4.1945. Zit. n. Manfred Asendorf, 1945. Hamburg besiegt und besetzt, Hamburg 1995, S. 15.

90 Angesichts des Vordringens der alliierten Truppen im Frühjahr 1945 nach Mitteldeutschland und der damit verbundenen Gefahr der Trennung des Reichsgebiets in einen Nord- und in einen Südteil hatte Hitler am 11. April territoriale Befehlshaber einrichten lassen. Für die Luftwaffenanteile übernahm diese Aufgabe im Nordraum die Luftflotte Reich, der auch das LGKdo XI unterstellt war. Das Deutsche Reich und der Zweite Weltkrieg, Bd. 10/1: Der Zusammenbruch des Deutschen Reiches, München 2008, S. 865.

91 BArch, RL 19/424, Die Geschichte des Luftgau XI, 13.8.1945, S. 61.

Mit der dann am 3. Mai 1945 erfolgten kampflosen Kapitulation Hamburgs gegenüber den Truppen der britischen 7. Panzerdivision hatte der Befehlshaber des Luftgaus XI dann gar nichts mehr zu tun, zumal der Dienstsitz in Blankenese offenbar weitgehend verlassen gewesen sein dürfte. Noch am 30. April hatte Feldmarschall Busch befohlen, »die Elbestellung mit äußerster Zähigkeit gegen den Westen zu verteidigen.«[92] Das Motiv lag u. a. darin, dass in Kenntnis der Demarkationslinie zwischen den Westmächten und der Sowjetunion die Ostseehäfen zwischen Lübeck und dem Elbe-Trave-Kanal möglichst lange für die sich auf dem Rückzug aus dem Osten befindlichen Wehrmachtteile und Flüchtlinge offen blieben. Als mit der Besetzung Lübecks durch britische Truppen eine Verteidigung der Elbe-Linie obsolet geworden war, erklärte der Oberbefehlshaber Nordwest der deutschen Wehrmacht mit Zustimmung der sogenannten Reichsregierung Dönitz am Abend des 2. Mai 1945 Hamburg zur offenen Stadt.[93] Aufgrund dessen waren »die Truppen aller Wehrmachtteile beschleunigt, aber in voller Ordnung und Disziplin aus Hamburg herauszuziehen und in die Linien Elmshorn-Barmstedt-Alveslohe, die zu halten ist, zurückzuführen«.[94] Ziel dieser Truppenbewegung war, ein rasches Durchbrechen britischer Verbände in Richtung des Nord-Ostsee-Kanals zu verhindern, »um der Reichsregierung Bewegungs- und Verhandlungsfreiheit« bei den schon eingeleiteten Kapitulationsverhandlungen zu ermöglichen.[95] Dem in Blankenese sich noch befindlichen Personal des LGKdos XI gelang es im Lichte der Umstände offenbar problemlos, sich in das nordwestliche Schleswig-Holstein abzusetzen:

Am 2. 5. 1945 verlegte das Luftgaukommando, nachdem aus mir nicht bekannten Gründen auf die Verteidigung von Hamburg verzichtet und Übergabe an den Feind vorbereitet wurde, auf Befehl der Luftflotte

---

92 Hans Joachim Kaiser, Kriegsende an der Elbe. Das Ende der Kampfhandlungen im Mai 1945 und die militärische Besetzung Schleswig-Holsteins durch das VIII. britische Korps, Kiel 1994, S. 86.

93 Vgl. Karl Dönitz, Zehn Jahre und zwanzig Tage, München 1977. S. 446.

94 Fernschreiben Oberbefehlshaber Nordwest an Kampfkommandant Hamburg, Wehrkreiskommando X, Luftflotte Reich, LGKdo XI, Gauleiter Kaufmann vom 2.5.1945. Zit. n. Ortwin Pelc (Hrsg.): Kriegsende in Hamburg, Hamburg 2005, Faksimile. Vgl. Jan Heitmann, Das Ende des Zweiten Weltkrieges in Hamburg. Die kampflose Übergabe der Stadt an die britischen Truppen und ihre Vorgeschichte, Frankfurt a. M. u. a. 1990, S.132–134.

95 Kaiser, Kriegsende an der Elbe, S. 88 f.

Reich in einen bereits vorbereiteten Ausweichgefechtsstand im Waldgelände bei Brekendorf. Die Verlegung ging planmäßig vonstatten, allerdings gingen einige Kraftwagen durch fdl. Tieffliegerbeschuss verloren. Das war das Ende des Luftgaus XI! Der frühere große Befehlshaber ist zu einem einzigen Flughafenbereichskdo. zusammengeschmolzen und sieht seiner Auflösung entgegen.

Im Gegensatz zu einigen Bombenschäden in Blankenese, zumeist hervorgerufen durch Fehlwürfe auf die unmittelbar gegenüber am Südufer der Elbe gelegenen Rüstungsbetriebe, blieb das Gelände des LGKdos XI erstaunlicherweise den gesamten Zweiten Weltkrieg über von Kriegszerstörungen verschont. Der Luftgaukommandeur habe erklärtermaßen zwar »immer damit gerechnet, dass die Engländer oder Amerikaner mein Stabsgebäude bombardieren würden, aber glücklicherweise ist dieser Angriff unterblieben«.[96] Über die Gründe dafür mag man spekulieren. Vielleicht war es Zufall, vielleicht war die Dienststelle als eigenes Angriffsziel nicht so von Bedeutung, wie es sich der General Wolff offenbar vorstellte. Ob es auch damit zusammenhing, dass durch den Abriss mehrerer Baracken versucht worden war, Zerstörungen vorzutäuschen, muss ebenfalls offenbleiben: »Tatsächlich sah das Luftgaukdo.-Gelände durch diese Maßnahme lichtbildmäßig z. T. ausgebrannt aus, weil die Grundmauern der abgerissenen Baracken stehen geblieben waren.«

Bis zur endgültigen Auflösung des Luftgaustabes XI nach dem Abzug aus Blankenese sollten mehrere Monate ins Land gehen. In den Niederlanden, Dänemark und in Norddeutschland gerieten nach der Kapitulation etwa 2 Millionen deutsche Soldaten als Surrendered Enemy Personnel in die Hände der britischen Truppen. Um kein weiteres Befehlsvakuum unter den erodierten Truppenkörpern heraufzubeschwören sowie um die Wehrmachtangehörigen zu kontrollieren, zu betreuen und zu entlassen, konzentrierte man diese in vier großen Sperrgebieten in Niedersachsen und Schleswig-Holstein. Mangels eigener Kräfte jedoch unter britischer Oberaufsicht[97] verwalteten sich die Gefangenen selbst, wozu einerseits in britisch-pragmatischer Weise auch die Kommandostrukturen der deutschen

96 BArch, RL 19/424, Die schichte des Luftgau XI, 13.8.1945, S. 31.
97 Zur britischen Besatzungspolitik in Schleswig-Holstein vgl. Kaiser, Kriegsende an der Elbe.

Wehrmacht einschließlich der Disziplinarbefugnisse und der Militärstrafgesetze in Kraft blieben.[98]

Auf Befehl des britischen Oberkommandos waren dem Oberbefehlshaber Nordwest sämtliche deutschen militärischen Verbände sowie auch die Zivilbehörden unterstellt worden.[99] Auch wenn die Wehrmacht nicht mehr als bewaffnete Macht nach außen in Erscheinung trat, so waren andererseits ihr rechtlicher Status, ihr Hierarchiegefüge sowie teilweise ihre Organisationsstruktur noch aufrechterhalten worden. Nach der Kapitulation im Mai 1945 unterstand das LGKdo XI bzw. das, was von ihm übrig geblieben war, nach wie vor der Luftflotte Reich, die ihren Gefechtsstand in Missunde bei Schleswig eingerichtet hatte.[100] Der Stab des LGKdos XI saß im Sperrgebiet F (Kreis Oldenburg in Holstein sowie Teile der Landkreise Eutin und Plön) und organisierte bis zum Herbst 1945 für die britische Besatzungsmacht hauptsächlich die Demobilmachung der ihm unterstellten zahllosen Einheiten und Dienststellen. Eine eigenständige deutsche Befehlsgebung gab es allerdings nicht. Unmissverständlich wies der Chef des Stabes im LGKdo XI darauf hin:

> *83 Group (R.A.F.) hat erneut befohlen:*
> 1. *Alle noch nicht in Sammellager abgeführten Luftwaffenstäbe und Einheiten unterstehen in jeder Hinsicht der 83. Group und damit LFL. Kdo. Reich.*
> 2. *Die genannten Luftwaffenstäbe und Einheiten erhalten ausschließlich ihre Befehle von der 83. Group von deren unterstellten Dienststellen der R.A.F. bezw. im Auftrage der 83. Group über LFL. Reich.*
> 3. *Befehle deutscher oder englischer Dienststellen oder Einzelpersonen anderer Wehrmachtsteile sind unter Vorzeigen dieses Befehls erst auszuführen, wenn die Zustimmung der 83. Group vorliegt. Jeder Befehl solcher Dienststellen ist deshalb sofort fernschriftlich oder fernmündlich über den zuständigen Fliegerhorstkommandanten an LFL. Reich zu melden. Diese Anordnung gilt auch hinsichtlich Verlegungen, Abtransport in Sammellager usw.*[101]

98 Das Deutsche Reich und der Zweite Weltkrieg, Bd. 10/2: Der Zusammenbruch des Deutschen Reiches 1945, München 2008, S. 422–423.

99 Ebd., Bd. 10/1: Der Zusammenbruch des Deutschen Reiches 1945, München 2008, S. 478.

100 BArch, RL 2/VI/192, Fernschreiben bez. Befehlsgliederung Luftflotte Reich vom 31.5.1945.

101 Ebd., Fernschreiben LGKdo XI vom 28.5.1945.

Bei der genannten 83. Group handelte es sich um denjenigen Verband, welcher sämtliche Einrichtungen, das Personal und die Waffen der deutschen Luftwaffe im Bereich von Schleswig-Holstein in Besitz zu nehmen, zu verwalten bzw. dann zu demobilisieren hatte.[102] Zwischen 1945 und 1947 neutralisierte die Group 4810 Flugzeuge und führte sie der Schrottverwertung zu. 12.800 Flugzeugmotore und 222.000 Tonnen wurden eingesammelt. Nach Berechnung der Quartiermeisterabteilung des LGKdos XI lagerten zum Zeitpunkt der Kapitulation allein auf den Fliegerhorsten in Schleswig-Holstein an Bordwaffenmunition ca. 2,8 Mio Schuss des Kalibers 7,9 sowie ca. 90.000 Stück an schwerer Bordwaffenmunition.[103]

Knapp eine Million deutsche Soldaten waren als Surrendered Enemy Personnel im Raum des heutigen Schleswig-Holsteins in Gefangenschaft geraten und mussten entlassen werden.[104] Am 18. Mai 1945 unterstanden dem LGKdo XI 32.650 deutsches oder in deutschen Diensten stehendes militärisches Personal (1780 Offiziere, 146 Sanitätsoffiziere, 236 Offiziere im Truppensonderdienst, 534 Beamte, 293 Ingenieure sowie 28.811 Unteroffiziere und Mannschaften), darunter 148 Litauer, 415 Ungarn, 148 Italiener, 83 Ostfreiwillige und 333 holländische SS-Angehörige. Hinzu kamen noch 878 männliche und 5509 weibliche Gefangene.[105] Bei der letztgenannten Personengruppe handelte es sich höchstwahrscheinlich um verschleppte Insassinnen von Konzentrationslagern und Zwangsarbeiterinnen, die in Munitionsanlagen des LGKdos oder in den für die Luftwaffe arbeitenden Rüstungsbetrieben eingesetzt gewesen waren.

Wie sehr das drakonische deutsche Militärreglement gegenüber den Soldaten jedoch weiter exekutiert oder zumindest angedroht wurde, mag ein Beispiel aus der zweiten wichtigen Aufgabe des LGKdos XI im Sommer 1945 erläutern, der Zusammenziehung, Bewachung und Übergabe der knapp 3000 deutschen Flugzeuge an die Royal Air Force, die sich bei Kriegsende in Schleswig-Holstein befanden. Im Zuge der Kapitulationsverhandlungen

102 Zur Sicherstellung der Luftwaffeneinrichtungen durch die 83. Group vgl. Peter Schiller u. a., Die Luftwaffe zum Kriegsende in Schleswig-Holstein, Bad Segeberg 2008, S. 140–166.

103 BArch, RL 19/424, Die Geschichte des Luftgau XI, 13.8.1945, Anlage 8: Tätigkeit des Qu 1 L.G. XI vom März 1943 bis Kriegsende, S. 3.

104 Die Bomber kamen bald jede Nacht. Luftschutz, Luftabwehr und Luftangriffe 1933/45 im Städtedreieck Hamburg-Lübeck-Neumünster, hrsg. v. Arbeitskreis Geschichte im Amt Trave-Land, Duderstadt 2009, S. 158–159.

105 BArch, RL 2/VI/192, Demobilmachungslisten LGKdo XI vom 18.5.1945.

war dem Oberbefehlshaber der Luftflotte Reich am 5. Mai 1945 befohlen worden: »All Aircraft and antiaircraft weapons were to be instantly disarmed and immobilized and airfields were to be cleared of obstacles and made ready for use by the R.A.F.«[106] Offensichtlich auf der Grundlage eines am 7. Mai 1945 ergangenen grundlegenden Befehls der Royal Air Force, worin deutsche Flugzeuge mit Startverbot belegt sowie deren Enttankung und Entwaffnung angeordnet worden waren,[107] wies am 3. Juni der weiterhin als Kommandierender General und Befehlshaber LGKdo XI unterzeichnende General der Flieger Ludwig Wolff per Fernschreiben die ihm unterstellten deutschen Fliegerhorstkommandanten an:

> *Auf Befehl der 83. Group sind sämtliche abgestellte Flugzeuge zu enttanken. Auftanken und Starten nur mit Erlaubnis der RAF. Dazu befehle ich: Sollten trotzdem Besatzungen in deutscher Uniform versuchen, abgestellte Flugzeuge unerlaubt aufzutanken und damit zu starten, so haben die eingeteilten deutschen Posten und Wachen dies mit Waffengewalt zu verhindern. Die Wachen sind durch Alarmschüsse zu alarmieren. Auf das rollende Flugzeug ist durch Schüsse auf die Laufräder das Feuer zu eröffnen, um einen Start durch Beschädigung der Gummibereifung zu verhindern. Die Besatzungen sind sofort festzunehmen und dem Horstkommandanten vorzuführen. Die Horstkommandanten sind mir dafür verantwortlich, dass abgestellte Flugzeuge ausreichend bewacht werden und überprüfen diese Bewachung nochmals auf das Schärfste und stellen festgestellte Mängel und Lücken sofort ab. Sämtliche Offiziere und Wachpersonal sind laufend darüber zu belehren. Außerdem ist bei der Wachvergatterung jeweils auf diesen Befehl hinzuweisen.*[108]

Offensichtlich aber waren nicht sämtliche Angehörige des LGKdos XI Anfang Mai 1945 nach Brekendorf verlegt worden, vor allem nicht jene aus der beamteten Militärverwaltungslaufbahn. So bestanden auch in Hamburg nach der

106 RAF Narrative, The Liberation of North West Europe, Vol. V: From the Rhine to the Baltic, 1 October 1944–8 May 1945, p 261 (https://www.iwm.org.uk/collections/item/object/1500026308; Zugriff am 6.1.2020).
107 Kaiser, Kriegsende an der Elbe, S. 180 f.
108 BArch, RL2/VI/192.

Kapitulation bis zum Sommer 1946 zahlreiche weitere Stäbe der Wehrmacht fort, wie etwa der »Wehrmachtstandortälteste und Kreiskommandant Groß-Hamburg«, und arbeiteten unter britischer Auftragsverwaltung. Beim Oberfinanzpräsidenten wurde eine Stelle »Vermögenserfassung Heer, Luftwaffe und RAD« eingerichtet, dessen leitende Stellen überwiegend von ehemaligen Angehörigen aus der höheren Beamtenschaft des LGKdo XI besetzt waren.[109]

Bis über das formale Kriegsende hinaus erfüllte auch der Befehlshaber des Luftgaus XI aus Hamburg-Blankenese seine Pflicht oder was er dafür hielt. In diesem Rahmen bewegt sich auch das Resümee der fast fünfjährigen Tätigkeit, welche seine Dienststelle aus dem Gelände am Geesthang entfaltet hatte: »Der Luftgau XI war erfüllt von kämpferischem Geist. Dafür zeugen in erster Linie die fdl. Abschüsse von etwa 1355 Feindflugzeugen. Es zeugen aber noch mehr dafür jene 1907 gefallenen und jene 3218 verwundeten Soldaten meines Bereichs und mit ihnen zeugen fast 77.000 gefallene und 90.335 verwundete Zivilisten.«[110]

Über Sinn und Zweck dieser Leistungen und dieser Effekte erfährt man hier freilich nichts. Ein gutes Jahr vorher hatte diesen ein im Auftrag des LGKdos XI herausgegebener Aufsatz über »Sinn und Methoden der Nationalsozialistischen Führung in der Luftwaffe« noch so beschrieben: »Am Ende des Krieges steht über allem heutigen Leid ein namenloser Jubel. Die Stunde des Kriegsendes wird die Stunde des deutschen Sieges sein, und die nationalsozialistische Führungsarbeit wird entscheidend mitgewirkt haben, den Tag des Sieges heraufzuführen.«[111] Jetzt, in der Stunde der deutschen Niederlage und im letzten Satz seiner Geschichte des Luftgaus XI, griff Wolff zu einem Erklärungsmotiv des Wofür, welches auf den ersten Blick von einer gewissen Einsicht in die Sinnlosigkeit getragen zu sein scheint: »Sie sind alle Opfer eines Krieges, welchen man bei einer gesünderen politischen Einstellung vielleicht gar nicht zu führen brauchte.«[112] Auf den zweiten Blick belegt dieser Satz freilich bloß die allenthalben bei jener Offiziersgeneration in der unmittelbaren Zeit der Kapitulation und oftmals weit darüber hinaus

109 Vgl. Georg Meyer, Zur Situation der deutschen militärischen Führungsschicht im Vorfeld des westdeutschen Verteidigungsbeitrages 1945–1950/51, in: Anfänge westdeutscher Sicherheitspolitik 1945–1956, Bd. 1, hrsg. v. Militärgeschichtliches Forschungsamt, München, Wien 1952, S. 577–735, hier S. 600–601.

110 BArch, RL 19/424, Die Geschichte des Luftgau XI, 13.8.1945, S. 61.

111 BArch, RLD 24/15.

112 BArch, RL 19/424, Die Geschichte des Luftgau XI, 13.8.1945, S. 61.

anzutreffende Reklamation einer unbestimmten politischen Begründung für das unendliche Leid – bei gleichzeitiger Betonung hingebungsvoller Pflichttreue.[113] Die deutsche Ursache und Urheberschaft dafür bleiben dabei ebenso nebulös, wie auch das Bekennen der eigenen Tatbeteiligung an den nationalsozialistischen Verbrechen im Stolz auf militärisches Funktionieren versickert. Bis Februar 1948 verblieb der General der Flieger Ludwig Wolff in englischer Kriegsgefangenschaft, bevor er 1950 in Neustadt/Holstein verstarb.

Täterort

Erst Jahrzehnte später erinnerte die FüAkBw 1994 mit der Ehrung der ursprünglichen Bewohner Plaut und Liebeschütz auf einem Teil des von den Nationalsozialisten militarisierten Geländes indirekt an den Täterort LGKdo XI. Seit 2015 weist eine Informationsstele vor dem Haupttor außerhalb der Clausewitz-Kaserne an der Manteuffelstraße auf das bis 1945 hier ansässige Kriegsgericht hin. Die Tafel wurde im Rahmen des Programms »Gedenkorte und andere Opfer der NS-Militärjustiz« durch die Kulturbehörde von Hamburg errichtet. Über einer US-Luftaufnahme des Geländes aus dem Zweiten Weltkrieg wird der Betrachter in deutscher und englischer Sprache über diesen Ort informiert:

> *Gericht des Kommandierenden Generals und Befehlshabers im Luftgau XI. Von März 1940 bis Mai 1945 nutzte das Luftgaukommando XI den kurz zuvor fertig gestellten Kasernenkomplex. Es war unter anderem für den Nachschub der fliegenden Verbände und den Luftschutz zuständig. Auch das Gericht des Kommandierenden Generals und Befehlshabers im Luftgau XI hatte hier seinen Sitz. Akten des Gerichts sind nur bruchstückhaft überliefert. Bis heute sind zwei Soldaten bekannt, die nach Todesurteilen hingerichtet wurden. Das nach dem Krieg vom britischen Militär genutzte Gelände beherbergt seit 1958 die Führungsakademie der Bundeswehr.*

113 Vgl. Äußerungen deutscher Befehlshaber im Frühjahr/Sommer 1945 in: Das Deutsche Reich und der Zweite Weltkrieg, Bd. 10/1: Der Zusammenbruch des Deutschen Reiches 1945, München 2008, S. 484–485.

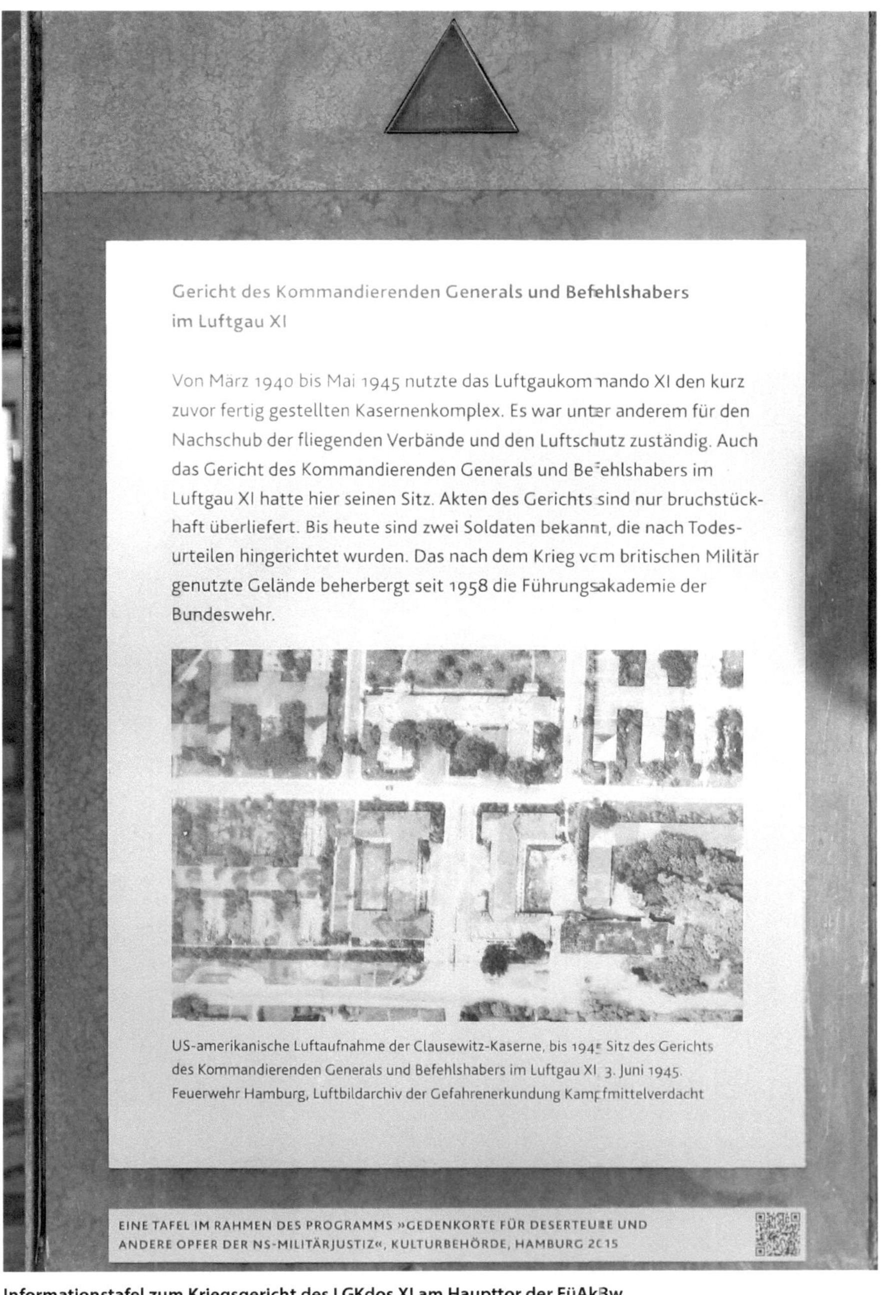

Informationstafel zum Kriegsgericht des LGKdos XI am Haupttor der FüAkBw

Diese Tafel steht im Zusammenhang mit dem 2015 im Rahmen des Hamburger Gedenkortes zwischen dem Stephansplatz und dem Dammtor-Bahnhof errichteten Denkmal für die Opfer der NS-Militärjustiz. Zusammen mit gleichen Säulen an weiteren Plätzen erinnern sie an diese spezifischen Täterorte, an dem auch NS-Unrechtsurteile gefällt worden sind.[114] Im Zuge der nationalsozialistischen Aufrüstung wurde 1934 die von der zivilen Gerichtsbarkeit getrennte Militärjustiz für die Streitkräfte des Deutschen Reiches wieder eingeführt.[115] Das materielle Regelwerk und die Verfahrensordnungen entsprachen zwar zunächst internationalen Standards. Durch die Kriegssonderstrafrechtsverordnung sowie durch die Kriegsstrafrechtsverordnung wurde vor und während des Zweiten Weltkrieges der Strafrahmen immens verschärft, womit selbst für kleinere Delikte die Todesstrafe verhängt werden konnte – mithin einer Willkürjustiz Tür und Tor geöffnet worden war.[116]

Während des Zweiten Weltkrieges waren in Hamburg bei den entsprechenden Verbänden (Divisionen und Stellvertretendes Generalkommando X. Armeekorps) und Kommandobehörden (Wehrmachtkommandantur Hamburg, Admiral der Kriegsmarinestelle Hamburg, LGKdo XI) 13 Kriegsgerichte tätig.[117] Das Kriegsgericht beim Kommandierenden General und Kommandeur des Luftgaus XI unterhielt zudem Außenstellen in Jever, Oldenburg i. O., Wilhelmshaven, Bremen, Rostock und Wismar. Die grundsätzlich schlechte Überlieferung der Luftwaffenakten[118] zeigt sich auch bei den Unterlagen des Kriegsgerichts im Luftgau XI. Von den 199 erhalten gebliebenen Verfahrensakten konnten aufgrund der darin enthaltenen Ortsangaben 80 dem Gericht des LGKdos in Hamburg für den Zeitraum 1939 bis zum 30. März 1945 (Urteilsbestätigung 17. April 1945) zugeordnet werden. Überwiegend waren Eigentumsdelikte (57) verhandelt worden. Betrugsfälle

114 https://www.hamburg.de/gedenkort-fuer-deserteure (Zugriff am 17.6.2020).

115 Grundlegend Manfred Messerschmidt, Die Wehrmachtjustiz 1933–1945, Paderborn u. a. 2005.

116 Vgl. Claudia Bade, Lars Skowronski u. Michel Viebig (Hrsg.), NS-Militärjustiz im Zweiten Weltkrieg. Disziplinierungs- und Repressionsinstrument in europäischer Dimension, Göttingen 2015.

117 Georg Auer, Die Spruchtätigkeit der NS-Militärjustiz und die Vollstreckung wehrmachtgerichtlicher Todesurteile in Hamburg, in: KZ-Gedenkstätte Neuengamme (Hrsg.): Wehrmacht und Konzentrationslager, Bremen 2012, S. 158–189. Zum Kriegsgericht des LGKdos XI S. 166–167.

118 Robert Endres, Dokumentation zum Verbleib der deutschen Luftwaffenakten, o. J. (1968). Bereits Ende April 1945 hatte das Oberkommando der Luftwaffe angeordnet, dass »alles in irgendeiner Weise belastende Material (…) sofort zu vernichten« sei. Das Deutsche Reich und der Zweite Weltkrieg, Bd. 8/1: Der Zusammenbruch des Deutschen Reiches 1945, München 2008, S. 480.

schlugen mit acht, »Wehrkraftzersetzung« mit vier und »unerlaubte Entfernung« mit drei Fällen zu Buche. In zwei Fällen wurde Anklage wegen »Fahnenflucht« erhoben. Bei den restlichen sechs Fällen ging es um »Unzucht unter Männern«, »Wachvergehen« oder sonstigen Disziplinarvergehen.

Das höchste Urteil in einem Betrugsfall belief sich auf zwölf Jahre Zuchthaus in Verbindung mit einer Geldstrafe von 10.000 RM. Zumeist wurden jedoch Arreststrafen verhängt. Unter den Angeklagten befanden sich auch 20 Frauen, die als Flak- oder Luftnachrichtenhelferinnen sowie als Angehörige des Sanitätsdienstes zum sogenannten »Wehrmachtgefolge« gehörten und ebenfalls der Militärgerichtsbarkeit unterlagen. Zumeist waren es Eigentumsdelikte wie der Diebstahl von Unterwäsche oder Hygieneartikeln. In einem Fall erkannte das Kriegsgericht bei einer Angestellten jedoch auf die Todesstrafe. Sie war 1944 des Diebstahls von Feldpostpäckchen für schuldig befunden worden. In Verbindung mit der sogenannten »Volksschädlingsverordnung« konnte das Todesurteil verhängt werden.[119] Nach einem Gnadengesuch und einem Rechtsgutachten der Luftwaffenrechtspflege wurde das Todesurteil zumindest in eine fünfjährige Zuchthausstrafe umgewandelt. Hingegen war nachweislich anhand des Friedhofsregisters Ohlsdorf bei sieben Soldaten das vom Gericht des Kommandieren Generals und Befehlshabers im Luftgau XI verhängte Todesurteil auch vollstreckt und die Angeklagten zwischen August 1940 und Oktober 1944 hingerichtet worden.

119 Die wenige Tage nach Kriegsbeginn 1939 erlassene Verordnung gegen Volksschädlinge sollte der nationalsozialistischen Justiz als Instrument zum »Schutz der inneren Front« dienen. Tatbestände und Strafmaß waren bewusst sehr weit gefasst, womit der NS-Justizwillkür freie Hand überlassen war. Gemäß Paragraf 4 der Verordnung »Ausnutzung des Kriegszustandes als Strafschärfung« konnte jede beliebige Straftat mit dem Tod bestraft werden, wenn diese unter Ausnutzung der besonderen Verhältnisse des Krieges begangen wurde. Durch Kontrollratsgesetz wurde die »Volksschädlingsverordnung« 1946 formell aufgehoben. Vgl. Gerhard Werle, Strafrecht als Waffe. Die Verordnung gegen Volksschädlinge vom 5. September 1939, in: Juristische Schulung (1989), S. 952–958. Aufgrund des Gesetzes zur Aufhebung nationalsozialistischer Unrechtsurteile in der Strafrechtspflege von 1998 sind sämtliche Urteile der »Verordnung gegen Volksschädlinge« wegen Verstoßes gegen elementare Gedanken der Gerechtigkeit aufgehoben worden. Vgl. Wolfram Wette, Deserteure der Wehrmacht rehabilitiert. Ein exemplarischer Meinungswandel in Deutschland (1980–2002), in: Zeitschrift für Geschichtswissenschaft 52 (2004), S. 505–527.

Der Herrschaftsbereich des LGKdos XI als regionale Territorial- und Kommandoorganisation Luftwaffe umspannte den nordwestdeutschen Raum des heutigen Niedersachsens, Hamburgs, Schleswig-Holsteins und Mecklenburgs. 1940 kam das besetzte Dänemark hinzu. Zu seinen wesentlichen Aufgaben zählte die sogenannte Fliegerbodenorganisation mit der baulichen Anlage und dem Betrieb von Fliegerhorsten einschließlich der Her- und Bereitstellung von Betriebsstoffen und Munition sowie der Wetterberatung. Es war zuständig für die Gestellung des Nachersatzes an Personal und Material für eine an der Front eingesetzte Luftflotte. Als Kommandobehörde hatte es im Verlauf des Zweiten Weltkrieges in unterschiedlicher Intensität auch Anteil am operativen Luftkrieg über dem Heimatkriegsgebiet. Im Schwerpunkt bezog sich dies auf den Luftschutz und die bodengestützte Luftverteidigung durch die Flakartillerie. Aber auch hier ging es nicht um die eigentliche Kampfführung, sondern vielmehr um die organisatorische Rahmenleistung.

Zur Auftragsdurchführung war das LGKdo XI in vielfacher Weise mit Kommunal-, Staats-, Partei- und Wehrmachtsdienststellen vernetzt und demzufolge ein aktiver Teil der nationalsozialistischen Kriegführungspolitik. Ideologieadäquate Überzeugung und gemäßes Handeln führte auf den unterschiedlichen Verantwortungsebenen zu verbrecherischer Mittäterschaft, sei es im Rahmen der Ausbeutung von Kriegsgefangenen und KZ-Häftlingen in den Luftmunitionsanstalten oder bei der Instandsetzung bombardierter Flugfelder, sei im Rahmen von kriegsgerichtlichen Todesurteilen gegenüber Angehörigen des Kommandobereichs.

Im Frühjahr 1945 hatte des LGKdo XI kaum mehr Einfluss auf das Kriegsgeschehen. Kurz vor der kampflosen Übergabe Hamburgs an britische Verbände waren der Stab in das nordöstliche Holstein ausgewichen. Zwar als Surrendered Military Personnel, doch unter Aufrechterhaltung der deutschen militärischen Strukturen verrichtete das LGKdo XI im Wesentlichen von dort aus bis weit in das Jahr 1946 hinein noch Demobilmachungsaufgaben im Auftrag der Engländer. Den Blankeneser Dienstsitz nutzten jetzt aber britische Besatzungsbehörden. Sie benannten ihn als Uxbridge Barracks, eine Reminiszenz an die Aufstellungsregion jener ersten im Mai 1945 hier eingezogenen Einheit und Beispiel für ein weithin übliches Verfahren der alliierten Besatzer, ehemalige Kasernen der Wehrmacht mit neuen Namen zu versehen.

1958 erfolgte die Übergabe der Uxbridge Barracks an die neuen westdeutschen Streitkräfte, die hier ihre Akademie für die Ausbildung der Offiziere im Generalstabsdienst einrichtete – die Führungsakademie der Bundeswehr.

Zwischenspiel – die Briten in den Uxbridge Barracks

Es steht zu vermuten, dass der augenscheinlich überwiegend leere und tatsächlich unzerstörte Dienstsitz des LGKdos XI in Blankenese unmittelbar nach der kampflosen Übergabe Hamburgs durch Kampfkommandant Alwin Wolz am 3. Mai 1945 an den Kommandeur der 131st Lorried Infantry Brigade bei der 7th British Armoured Division, Brigadier General J. M. K. Spurling, verzugslos als Unterkunft durch die einrückenden britischen Truppen weiter genutzt worden ist. Die No. 85 Maintenance Base Group der Royal Air Force unter Group Captain Dermot Boyle (1904–1993; später Marshal of the Royal Air Force und 1956–1960 als Sir Dermot Boyle Chief of the Air Staff) dürfte mit als erste hier Quartier genommen haben.[120] Mithin eine Unterstützungseinheit, die neben der Aufrechterhaltung des Flugbetriebs für fliegende Verbände der RAF auf deutschen Flugplätzen jetzt u. a. mit dafür zuständig wurde, die materiellen Hinterlassenschaften der deutschen Fliegertruppe in Norddeutschland als Kriegsbeute einzusammeln, gegebenenfalls nach Großbritannien überführen zu lassen oder das Material anderweitig zu verwerten.[121] Wie bei den alliierten Besatzungsstreitkräften in Deutschland üblich, gab augenscheinlich dieser Verband der Liegenschaft sofort einen neuen Namen – und zwar »Uxbridge Barracks« nach der englischen Grafschaft, in der diese Base Group am 17. Dezember 1943 aufgestellt worden war. Unter diesem Namen firmierte das Areal des ehemaligen deutschen LGKdos XI bis zum Abzug der britischen Nutzer 1958.

Der Aufenthalt der Base Group währte hier scheinbar zwei Jahre (anderen Angaben zufolge nur bis Juli 1945). Zur Organisation ihrer Besatzungszone hatte die britische Militärregierung das Territorium Nordwestdeutschlands in verschiedene Distrikte eingeteilt, meist auf Basis der deutschen Kommu-

120 Biografie http://www.rafweb.org/Biographies/BoyleD.htm, Organisationsgeschichte der Einheit http://www.rafweb.org/Organsation/Grp06.htm (Zugriff am 17.6.2020).

121 Inbesitznahme deutscher Flugplätze in Schleswig-Holstein und Verwertung von Flugzeugen durch die britischen Besatzungsstreitkräfte vgl. Peter Schiller u. a., Die Luftwaffe zum Kriegsende in Schleswig-Holstein, Bad Segeberg 2008.

nal- oder Landkreisgrenzen. Mitte April 1946 kam es zur Gründung des Hamburg District mit dessen Hauptquartier in der Hamburger Innenstadt. Hamburg und Hannover District zählten zu den beiden wichtigsten Zentren der britischen Besatzungsverwaltung. Aufgrund des aus sozialen Erwägungen schrittweise genehmigten Nachzuges von Familienangehörigen der englischen Besatzungsangehörigen verschärfte sich die aufgrund der gewaltigen Zerstörungen ohnehin dramatische Wohnraumknappheit Hamburgs zusätzlich. Zumal den britischen Familien je nach dem Rang des Mannes ein besonders großzügig bemessenes Quartier zur Verfügung stand, ein Bedarf, der letztlich nur durch Beschlagnahme privater Wohnungen gedeckt werden konnte. Um die Flächenknappheit in der Innenstadt etwas zu beheben und vor dem Hintergrund temporärer britischer Überlegungen, den Verwaltungssitz ihrer ganzen Besatzungszone nach Hamburg zu verlegen, zog das Hauptquartier des Hamburg District 1947 nach Blankenese in die Uxbridge Barracks. Die bislang dort stationierte Base Group wurde verlegt auf den Fliegerhorst Uetersen.[122]

Weil generell über »die Entwicklung der britischen Garnison in den fünfziger Jahren nur wenige Angaben« vorliegen, kann uns lediglich ein 1954 mit Legenden angefertigter Lageplan der Uxbridge Barracks etwas Auskunft über die britische Zeit auf dem Gelände geben.[123] Wie nicht anders zu erwarten, erfüllte das Offizierkasino des LGKdos XI als Officers und Seargents Mess weiterhin seine ursprüngliche Bestimmung. Neu hingegen war der dort angelegte Basketballpitch. Das Gebäude links neben dem Haupttor an der Manteuffelstraße firmierte als Signals Block und nahm auch die Postal Section auf. Im rechten Block befand sich der Guard Room sowie eine Verkaufsstelle der NAAFI, kurz Navy, Army and Air Force Institutes, eine Organisation der britischen Regierung, um die Angehörigen ihrer Streitkräfte u. a. mit Waren des täglichen Bedarfs zu versorgen. Hinter dem als Air Raid Shelter bezeichneten ehemaligen Führungshochbunker des Luftgaustabes existierten offensichtlich Baracken, die unter der Legende Civil Canteen auf die Beschäftigung deutscher Zivilangestellter hinweisen.

Die Baracken im Bereich des heutigen Henning-von-Tresckow-Gebäudes nutzte der Permanent Camp Staff des Hamburg District, während

122 Michael Ahrens, Die Briten in Hamburg. Besatzerleben 1945–1958, Hamburg 2011, S. 104–107.
123 Ebd., S. 220.

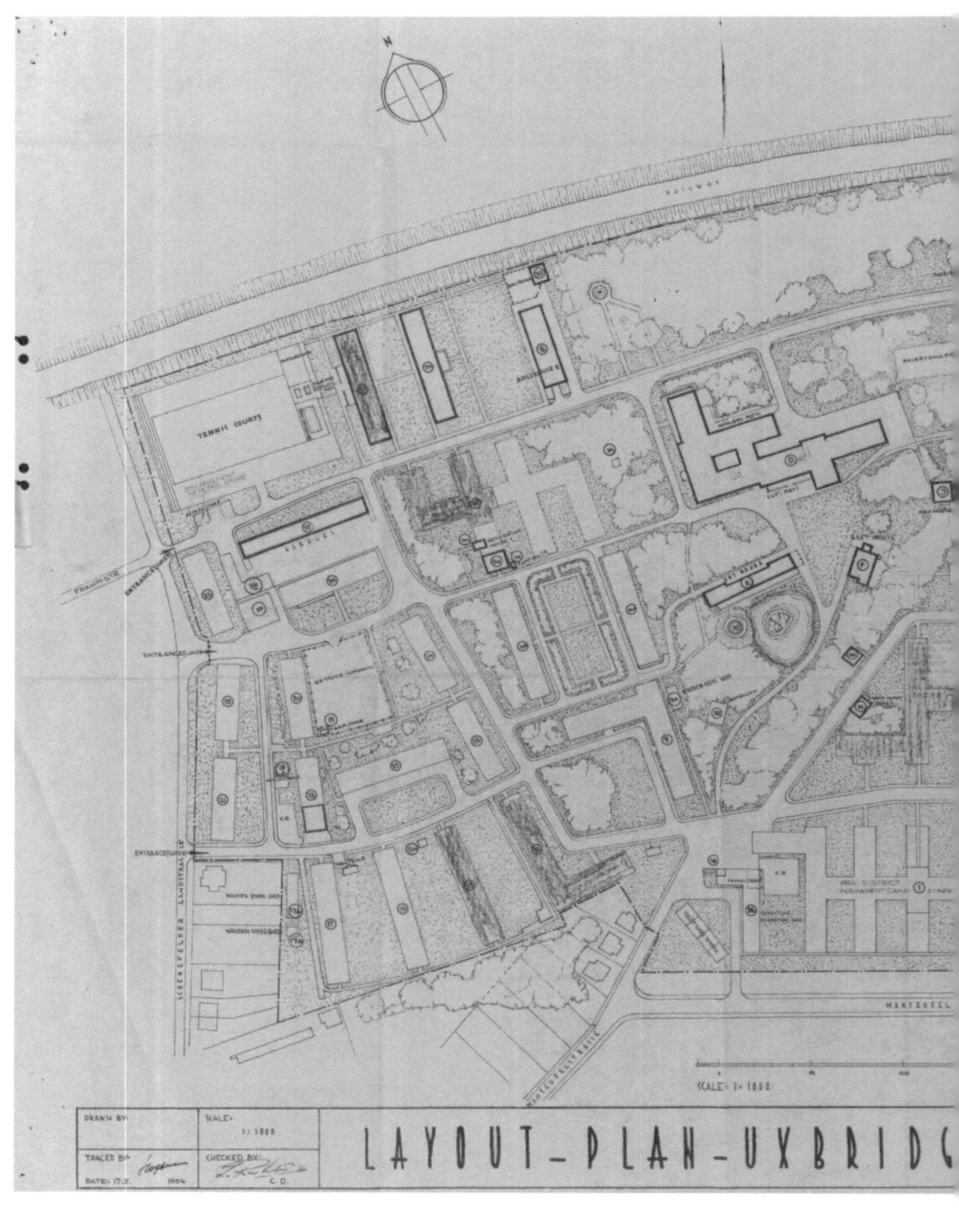

Layout-Plan der Uxbridge Barracks 1954

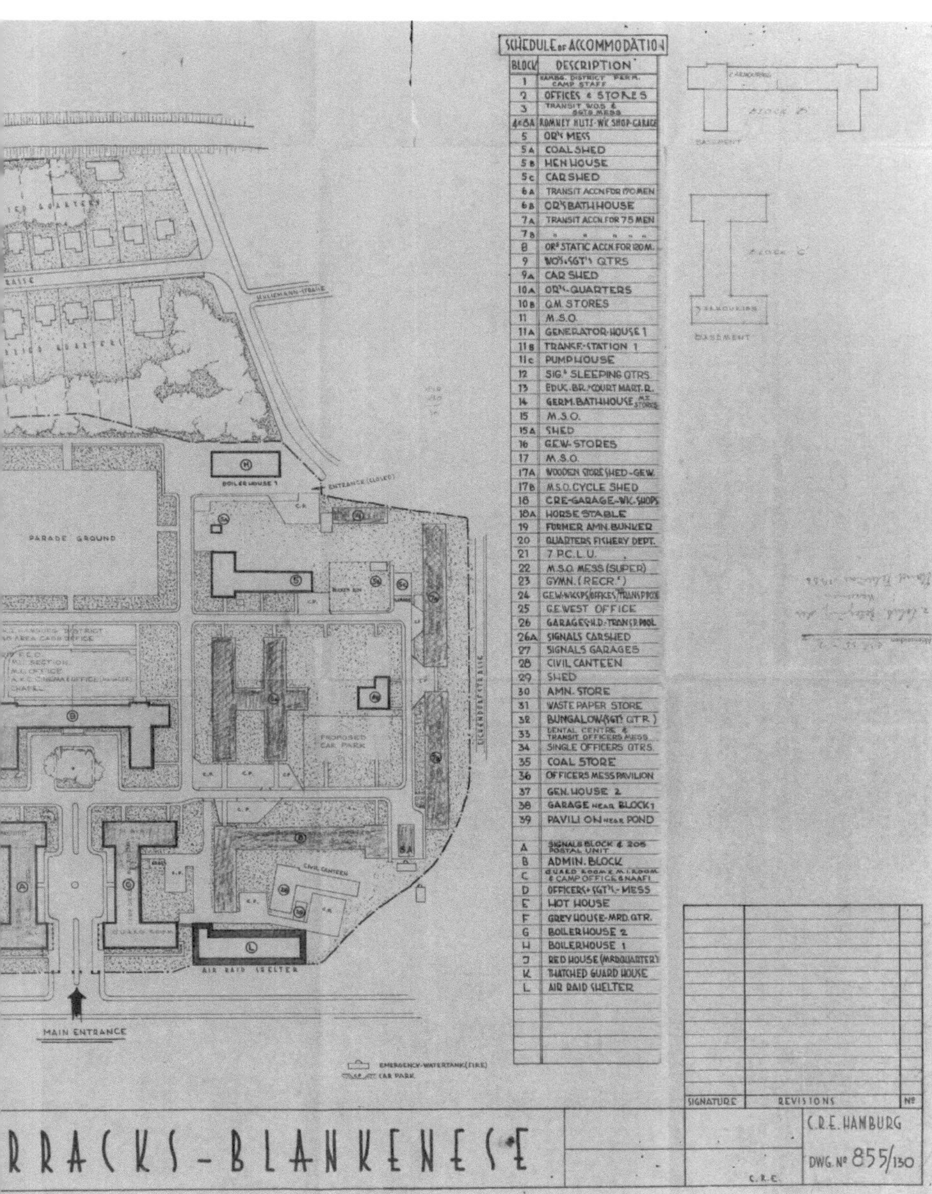

SCHEDULE OF ACCOMMODATION
BLOCK DESCRIPTION
1 HAMBG. DISTRICT P.&R.M. CAMP STAFF
2 OFFICES & STORES
3 TRANSIT W.O.S & SGTS MESS
4&8A ROMNEY HUTS-WK SHOP-GARAGE
5 OR'S MESS
5A COAL SHED
5B HEN HOUSE
5C CAR SHED
6A TRANSIT ACCN FOR 170 MEN
6B OR'S BATH HOUSE
7A TRANSIT ACCN FOR 75 MEN
7B " " " " "
8 OR'S STATIC ACCN FOR 120 M.
9 WO'S & SGT'S QTRS
9A CAR SHED
10A OR'S-QUARTERS
10B QM. STORES
11 M.S.O.
11A GENERATOR-HOUSE 1
11B TRANSF.-STATION 1
11C PUMPHOUSE
12 SIG. SLEEPING QTRS.
13 EDUC. BR. & COURT MART. R.
14 GERM. BATHHOUSE, M.Z. STORES
15 M.S.O.
15A SHED
16 GEW-STORES
17 M.S.O.
17A WOODEN STORE SHED-GEW.
17B M.S.O. CYCLE SHED
18 CRE-GARAGE-WK. SHOPS
18A HORSE STABLE
19 FORMER AMN. BUNKER
20 QUARTERS FISHERY DEPT.
21 7 P.C.L.U.
22 M.S.O. MESS (SUPER)
23 GYMN. (RECR.)
24 GEW-WKSPS (OFFICES) TRANSP POOL
25 G.E. WEST OFFICE
26 GARAGES H.D.-TRANSP. POOL
26A SIGNALS CARSHED
27 SIGNALS GARAGES
28 CIVIL CANTEEN
29 SHED
30 AMN. STORE
31 WASTE PAPER STORE
32 BUNGALOW (SGT'S QTR.)
33 DENTAL CENTRE & TRANSIT OFFICERS MESS
34 SINGLE OFFICERS QTRS.
35 COAL STORE
36 OFFICERS MESS PAVILION
37 GEN. HOUSE 2
38 GARAGE NEAR BLOCK 1
39 PAVILION NEAR POND
A SIGNALS BLOCK & 205 POSTAL UNIT
B ADMIN. BLOCK
C GUARD ROOM & M.I. ROOM & CAMP OFFICE & NAAFI
D OFFICERS + SGT'S - MESS
E HOT HOUSE
F GREY HOUSE-MRD. QTR.
G BOILERHOUSE 2
H BOILERHOUSE 1
J RED HOUSE (MRD QUARTER)
K THATCHED GUARD HOUSE
L AIR RAID SHELTER
PARADE GROUND
BOILER HOUSE 1
ENTRANCE (CLOSED)
PROPOSED CAR PARK
CIVIL CANTEEN
AIR RAID SHELTER
MAIN ENTRANCE
EMERGENCY-WATERTANK (FIRE)
CAR PARK
BASEMENT
SIGNATURE
REVISIONS
Nº
RRACKS-BLANKENESE
C.R.E. HAMBURG
DWG. Nº 855/130
C.R.E.

Britische Soldaten in den Uxbridge Barracks um 1950

die meisten Baracken im West- und Nordteil des Geländes im Bereich der heutigen Sportanlagen als Unterkünfte oder Büros dienten. Interessant ist auch die Beschriftung auf einer Baracke im Bereich der Wohngebäude Plaut und Liebeschütz: »Transit W.O.S & SGTS. Mess« bezeichnet einen Aufenthaltsbereich für Warrant Officers und Seargents, die auf der Durchreise in Hamburg untergebracht werden mussten. Die Häuser der Familien Plaut und Liebeschütz dienten als Married Quarters, wobei diese den britischen Besatzern offenbar nicht ausreichten. Die außerhalb der militärischen Liegenschaft entlang der Conzestraße liegenden Villen waren beschlagnahmt, wie die Legende Married Quarters belegt. In den Büros des ehemaligen Dienstgebäudes des LGKdos XI, jetzt Administration Block genannt, residierte nun das Headquarter Hamburg District, zusammen mit einem Area Cash Office. Der Kinosaal hatte seine Funktion als Cinema behalten.

Das Leben der britischen Truppen bzw. der Angehörigen der Militärverwaltung in den Uxbridge Barracks dürfte sich in der üblichen Routine von Streitkräften in Friedenszeiten bewegt haben. Wobei administrative Belange sicherlich immer stärker in den Vordergrund rückten. Im Zuge des stetigen Abbaus der englischen Truppen in Deutschland und in Hamburg bzw. deren Konzentration als dann Stationierungsstreitkräfte in weniger Garnisonen in den 1950er Jahren fungierten die Uxbridge Barracks neben

Britische Soldaten in den Uxbridge Barracks um 1950

dem Sitz der Militärverwaltung wohl eher als Durchgangsort. Im Frühjahr 1958 verlegte der Hamburger Zweig der am 25. August 1945 gegründeten, aus der offiziell als British Liberation Army bezeichneten britischen Expeditionsstreitkraft Westeuropas hervorgegangenen British Army of the Rhine, kurz BAOR, in das Rheinland.[124]

Die von den britischen Streitkräften in Hamburg genutzten Wehrmachtliegenschaften wurden für die Belange der 1955 neu gründeten Bundeswehr freigemacht. Darunter fielen auch drei der im Westen Hamburgs gelegenen Anlagen: Die von 1935 bis 1937 erbaute Iserbrook-Kaserne, seit 1965 als Reichspräsident-Friedrich-Ebert-Kaserne bezeichnet, und die zwischen 1934 bis 1936 errichtete Kaserne Osdorf, welche von den britischen Truppen den Namen Philips Barracks erhalten hatte. Nachdem sie von der Bundeswehr 1965 unter Schwartzkopff-Kaserne firmierte, wurde sie 1994 umbenannt in Generalleutnant-Graf-von-Baudissin-Kaserne, gedacht als symbolische Ehrung eines bedeutenden militärischen Gründers der Bundeswehr. Ihm verdanken die Streitkräfte der Bundesrepublik Deutschland das bis heute gültige Konzept der Inneren Führung mit dem dieser Füh-

124 Organisationsgeschichte der britischen Truppen in Deutschland vgl. Graham E. Watson u. Richard A. Rinaldi, The British Army in Germany (BAOR and after): An Organizational History 1947–2004, o. O. 2005 u. Olaf Mager, Die Stationierung der britischen Rheinarmee. Großbritanniens EVG-Alternative, Baden-Baden 1990.

rungsphilosophie zu Grunde liegenden Leitbild des Staatsbürgers in Uniform. Ein vor dem Hintergrund der politischen, moralischen und militärischen Katastrophe von 1945 durch ihn entwickeltes Reformmodell, das die Funktionsbedingungen einsatzfähiger Streitkräfte mit den freiheitlichen Prinzipien eines demokratischen Rechtsstaates in Einklang bringt. Die 1958 an die Bundeswehr übergebenen Uxbridge Barracks erhielten schließlich 1977 den Namen Clausewitz-Kaserne.

Sakralraum im Stabsgebäude der FüAkBw 2020

Im Grunde genommen erinnert heute nichts mehr an die immerhin 13 Jahre währende Zeit der britischen Nutzung in der heutigen Clausewitz-Kaserne – von einer einzigen Ausnahme abgesehen. Der Lageplan von 1954 verzeichnet für den Administration Block den Eintrag »Chapel«. Dahinter verbirgt sich zunächst einmal die von allen alliierten Besatzungstruppen in Deutschland weithin geübte Praxis, innerhalb der von ihnen genutzten Wehrmachtliegenschaften Gebetsräume in bestehenden Gebäuden einzurichten oder gar Kapellen neu erbauen zu lassen, sofern keine ehemaligen Garnisonskirchen vorhanden waren. Im vorliegenden Fall wurde ein neben dem Kinosaal gelegenes, vormaliges Besprechungszimmer zu einem Sakralraum umgewidmet. Im Rahmen der Militärseelsorge für die Bundeswehr erfüllt der Raum diese Funktion bis heute.

Mens agitat molem – Der Aufbau der Führungsakademie der Bundeswehr

Wiederaufnahme der Generalstabsausbildung

Dass die Schulung von Offizieren im Generalstabsdienst der Bundeswehr in Hamburg-Blankenese stattfinden sollte, war Mitte der 1950er Jahre noch keineswegs eine ausgemachte Sache. Zum einen lasteten schwere historische Hypotheken auf dem deutschen Generalstab insgesamt. Spätestens 1945 war evident geworden, dass die deutsche soldatische Existenz insgesamt nach Nationalsozialismus und totalem militärischen Zusammenbruch in einer fundamentalen Krise steckte. Auch wenn der ehemalige, von 1938 bis 1942 amtierende Generalstabschef des Heeres, Generaloberst a. D. Franz Halder (1884–1972), im Rahmen der US-Army Historical Division intensiv an der Legende von der überlegenen Führungskunst und Organisationsfähigkeit der Gruppe der Wehrmacht-Generalstabsoffiziere und den aus ihr hervorgegangenen Generalen strickte, stand diese hypertrophe Selbstüberschätzung der »erschriebenen Siege« in eklatantem Missverhältnis zur Realität.[125] Zu keinem Zeitpunkt gelang der Wehrmacht eine einheitliche Kriegführung. Mangels strategischen Konzepts führten die Wehrmachtteile jeweils ihren eigenen Krieg mit eigenen Generalstäben.

Nun hatten zudem die Siegermächte des Zweiten Weltkrieges im Potsdamer Protokoll vom Sommer 1945 im Rahmen der völligen Abrüstung und Entmilitarisierung Deutschlands u. a. die Auflösung des Generalstabs angeordnet. Zwar scheiterte der Versuch, den deutschen Generalstab vor dem internationalen Nürnberger Kriegsverbrechertribunal als verbrecherische Organisation anzuklagen, aber lediglich aus formalen, rechtssystematischen Gründen. Gleichwohl galten für den Gerichtshof zahlreiche seiner

125 Bernd Wegner, Erschriebene Siege. Franz Halder, die »Historical Division« und die Rekonstruktion des Zweiten Weltkrieges im Geiste des deutschen Generalstabes, in: Ernst Willi Hansen, Gerhard Schreiber u. Bernd Wegner (Hrsg.), Organisierte Gewalt und nationale Sicherheit., München 1995, S. 287–302. Vgl. auch Esther-Julia Howell, Von den Besiegten lernen? Die kriegsgeschichtliche Kooperation der U.S. Armee und der ehemaligen Wehrmachtselite 1945–1961, Berlin 2015.

Angehörigen als »Schandfleck für das ehrenhafte Waffenhandwerk, (die) in großem Maße verantwortlich gewesen (sind) für die Leiden und Nöte, die über Millionen Frauen und Kinder gekommen sind«.[126] Aufgrund solcher Erblasten dachte man bei den ersten Überlegungen für eine westdeutsche Aufrüstung zu Beginn der 1950er Jahre zunächst kaum an eine Ausbildung für einen dennoch notwendigen Generalstabsdienst im nationalen Rahmen. In Konsequenz zur Idee einer westeuropäischen Verteidigungsorganisation, der sogenannten Europäischen Verteidigungsgemeinschaft (EVG), in die westdeutsche Verbände eingebaut sein sollten, war eine internationale Ausbildung für deutsche Offiziere im westeuropäisch-integrierten Rahmen angedacht, womit auf die Errichtung einer spezifisch deutschen Schule zu verzichten gewesen wäre. Gewiss, die europäischen Nachbarn – allen voran Frankreich – hegten ohnehin kein allzu großes Interesse an deutscher militärischer Selbstständigkeit. Zu frisch waren die Erinnerungen an die deutschen Gewalttaten des Zweiten Weltkriegs. Integration aus dieser Perspektive bedeutet daher Kontrolle von und auch Sicherheit vor einem aufgerüsteten Westdeutschland.

Mit dem Scheitern der EVG 1954 waren solche Perspektiven allerdings weitgehend hinfällig geworden. Nolens volens musste somit vor allem auch Frankreich seine Reserviertheit gegenüber einem deutschen Generalstab zurückstellen. Der französische Ministerpräsident Pierre Mendès France (1907–1982) anerkannte schließlich, dass Deutschland wie jede andere an der Verteidigung Westeuropas beteiligte Macht für die Leitung und die Durchführung von Ausbildung, Organisation und Versorgung speziell dafür ausgebildeter Offiziere bedürfe, eben jene »ominösen Generalstabsoffiziere«.[127] Der Beitritt der Bundesrepublik Deutschland zur Nordatlantischen Vertragsgemeinschaft (NATO) im Jahre 1955 brachte neben einer politischen Wende dann militärische Festlegungen mit sich, die sich auch auf die militäreigenen Ausbildungskonzepte erstreckten. Als Bündnis souveräner Nationalstaaten ermöglichte die NATO-Bindung u. a. eine deutsche, selbstständige Institution für die Ausbildung von Generalstabsoffizieren.

126 Der Prozeß gegen die Hauptkriegsverbrecher vor dem Internationalen Gerichtshof Nürnberg, Nürnberg 1947, Bd. 1, S. 311–314.

127 Georg Meyer, Adolf Heusinger. Dienst eines deutschen Soldaten 1915 bis 1964, Hamburg u. a. 2001, S. 617.

Im Lichte der desaströsen Erfahrungen mit der auch fachlich-militärisch unzureichenden Generalstabsausbildung in der nationalsozialistischen Wehrmacht – man habe schon in den 1930er Jahren »zuviel Truppenführung und zu wenig Bildung« geboten[128] – waren sich die politischen wie militärischen Planer grundsätzlich einig darüber, isolierte fachliche Kenntnisse durch tiefergehende Bildung zu ergänzen. Im Frühjahr 1955 fasste eine Merkschrift diese Reformprojektion wie folgt zusammen:

> *Führergehilfen müssen über eine möglichst breite Kenntnis und umfassendes Wissen von allen Streitkräften und deren Führungs- und Versorgungssystemen und -methoden im weitesten Sinne verfügen. Darüber hinaus müssen ihnen neben den militärischen Fachgebieten und der Kriegsgeschichte auch der Staatsaufbau und die Funktionen von Gesetzgebung, Verwaltung und Rechtsprechung geläufig sein. Politik, Bildungswesen, Psychologie und Gesellschaftsstruktur müssen vom Führergehilfen stärker als früher und eingehender als vom Offizier im allgemeinen beachtet und studiert werden. Neben dem eigenen Land und Volk, seiner Geschichte und Lebensart, seinen Kraftquellen und seinen Fähigkeiten müssen ebenso die Verbündeten und auch die möglichen Gegner erkannt werden.*[129]

Die Engstirnigkeit militärischen Technokratentums wollte man vermeiden und deshalb das Ausbildungskonzept auf eine wissenschaftlich-rationale Grundlage stellen. Es zielte darauf ab, zukünftige Offiziere im Generalstabsdienst nicht mehr nur zu militärisch-fachlicher Effizienz zu schulen. Vielmehr sollten diese eine Bildung geistiger Weite erfahren, um die politischen, sozialen und ökonomischen Zusammenhänge zu verstehen, unter denen militärisches Handeln vonstattenging. Das schloss die Zielprojektion mit ein, überkommenes Teilstreitkraftdenken zugunsten gemeinsamen Bundeswehrdenkens zu überwinden, gelehrt möglichst an einer Ausbildungsstätte. Den wichtigen militärischen Planern der Bundeswehr waren als

128 Klaus Reinhardt, Generalstabsausbildung in der Bundeswehr. Zur Konzeption und Entwicklung der Führungsakademie der Bundeswehr, Herford u. a. 1977, S. 32.

129 Zit. n. Detlef Bald, Generalstabsausbildung in der Demokratie. Die Führungsakademie der Bundeswehr zwischen Traditionalismus und Reform, Koblenz 1984, S. 62.

ehemaligen Offizieren im Generalstabsdienst bis 1945 die handwerkliche Engführung und die lediglich auf Militärfachliches bezogene Kleinteiligkeit nur zu bewusst gewesen. Die Wehrmachtteile schulten ihre Generalstabsoffiziere zwischen 1935 und 1945 weitgehend unkoordiniert auf jeweils eigenen Kriegs- und technischen Akademien.

Die Heereskriegsakademie, die Luftkriegs- und Lufttechnische Akademie sowie die Marineakademie hatten kaum Verbindungen zueinander, geschweige denn kohärente Lehrinhalte. Namentlich bei der Kriegsakademie des Heeres stand die beschränkte, taktische Operationsführung ganz dominant auf der Agenda. Logistik beispielsweise wurde als subsidiär weitgehend vernachlässigt, wohingegen die nationalsozialistische Ideologisierung in zunehmender Intensität während des Krieges durchaus einen gewissen Stellenwert hatte. Die Überpriorität von Taktik und Operationsführung führte zu begrenzter, angesichts der Erfordernisse des industrialisierten totalen Krieges als mangelhaft zu bewertender beruflicher Qualifikation. Eine gemeinsame Wehrmachtakademie, die als übergreifende Einrichtung die durchaus erkannten Defizite ausgleichen sollte, existierte nur wenige Jahre zwischen 1935 und 1938. Machtrivalität unter den Wehrmachtteilen sowie der rasch zu befriedigende große Bedarf an Generalstabsoffizieren für die auf Krieg zielende NS-Politik führten zu ihrem Ende.

Trotz vielfacher schlechter Erfahrungen mit der Generalstabsausbildung der Wehrmacht und die grundsätzliche Einsicht in eine notwendige Modernisierung zeigte die Etablierung einer Generalstabsausbildung der Bundeswehr gewisse Déjà-vus. Aus Gründen raschen Bedarfs an qualifiziertem Personal sollte wenigstens für die Aufbauzeit den Teilstreitkräften zugestanden werden, jeweils eine eigene Führungsakademie einzurichten. Expressis verbis führte der Aufstellungsbefehl Nr. 30 der Abteilung IV (Gesamtstreitkräfte) im Bundesministerium der Verteidigung für eine »Teilaufstellung der Führungsakademie der Bundeswehr« aus:

> *Die Führungsakademie der Bundeswehr umfasst die Ausbildungsstätten für den Generalstabsdienst (Admiralstabsdienst) und gliedert sich zunächst in: Kommandostab der Führungsakademie, Heeresakademie, Luftwaffenakademie, Marineakademie. Zu einem späteren Zeitpunkt werden noch besondere Ausbildungsstätten für die mittlere und für die*

obere Führung der Streitkräfte hinzutreten. (...) Der Aufbau der Führungsakademie erfolgt abschnittsweise entsprechend der verschiedenen Dringlichkeit.[130]

Parallel dazu aber sollte eine »Führungsakademie der Streitkräfte« so früh wie möglich geschaffen werden, »um eine einheitliche Auffassung in allen die gemeinsame Führung der Streitkräfte betreffenden Fragen zu erzielen.«[131] Aus Sicht der Haushaltsabteilung im Verteidigungsministerium sprachen zudem Wirtschaftlichkeitserwägungen für die gesamte Generalstabsausbildung innerhalb einer Akademie. Über die inhaltliche Ausgestaltung einer solchen Einrichtung wurde freilich zwischen Heer, Luftwaffe und Marine teilweise erbittert gestritten. Von Anbeginn konkurrierten in der Generalstabsausbildung der Bundeswehr zwei pädagogische Konzepte miteinander um die Dominanz: die traditionelle militärfachliche Ausbildung auf der einen und die akademisch orientierte Bildung auf der anderen Seite.

Trotz nach außen hin erklärter Reformbereitschaft, »die Generalstabs- bzw. Admiralstabsausbildung der Streitkräfte zweckmäßigerweise in einer Akademie zusammenzufassen«[132], beharrten die Teilstreitkräfte dennoch über Jahre hinweg eifersüchtig auf ihren traditionell gewachsenen Sonderregelungen bei der Ausbildung. In der Planungsphase Mitte der 1950er Jahre wurden die Differenzen an einer scheinbaren Äußerlichkeit, der Standortfrage, als Machtfrage hochgespielt: »Die Frage nach dem Standort der künftigen Führungsakademie wurde zum Gegenstand des Machtkampfes um die Inhalte und die Ausgestaltung der Generalstabsausbildung zwischen den Teilstreitkräften und dem Führungsstab der Streitkräfte.«[133]

Im Zusammenhang mit einer im März 1956 getroffenen, weitgehenden Einigung der militärischen Abteilungen im Verteidigungsministerium, die General- und Admiralsstabsausbildung in einer Akademie zusammenzufassen, tauchte der Standortvorschlag Hamburg bereits auf, und zwar aus folgenden Gründen: »Hamburg erscheint wegen des Klimas dieser Stadt, des Vorhandenseins einer Universität und auch der meernahen Lage, die

130 BArch, BW 2/868, Aufstellungsbefehl für die Teilaufstellung der FüAkBw, 12.11.1956.
131 BArch, BW 2/868, Aufstellungsbefehl für die Teilaufstellung der FüAkBw, 12.11.1956.
132 BArch, BW 2/876, Besprechungsnotiz vom 1.3.1956 bez. eine gemeinsame Generalstabsakademie, 2.3.1956.
133 Zit. n. Bald, Generalstabsausbildung, S. 63–64.

auch im Hinblick auf die besonderen Verhältnisse der Marine wünschenswert ist, als gut geeignet.«[134] Trotz dieser etwas blumigen Worte war Hamburg aus verschiedenen, auch interessegeleiteten Gründen allerdings umstritten. Der Abteilungsleiter Streitkräfte, General Dr. Hans Speidel (1897–1984), hätte »wegen Nähe Zonengrenze statt Hamburg lieber Hannover oder Heidelberg« gesehen.[135] Eine daraufhin einsetzende Suche nach im präsumtiven Kriegsfall weniger exponierten Standorten musste freilich verschiedene Faktoren zu berücksichtigen: Es sollte eine Universitätsstadt sein, deren Lehrkräfte für die Generalstabsausbildung herangezogen werden könnten. Das Heer verlangte eine Nähe zu größeren Verbänden oder Truppenübungsplätzen, um an Manövern teilnehmen zu können. Die Luftwaffe wollte einen Flugplatz in Reichweite haben, um eine jährliche Inübunghaltung mit 20 Flugstunden für ihre Piloten gewährleisten zu können. Der Marine ging es um »Seeklima«.

Außer Kultureinrichtungen für die außerdienstliche Bildung war die Verfügbarkeit von Liegenschaften oder Baugelände von ganz besonderer Bedeutung, wollte man die Generalstabsausbildung doch rasch anlaufen lassen. Dies auch deshalb, weil die Bundesrepublik aus verschiedenen Gründen sehr an einem baldigen, substanziellen Militärbeitrag interessiert war. Vordergründig ging es darum, den der NATO vertraglich zugesagten Streitkräfteumfang sicherzustellen. Dahinter stand das große verteidigungsplanerische Ziel, im Falle eines sowjetischen Angriffs die Verteidigung so weit wie möglich im Osten zu beginn, worauf sich alle Maßnahmen des westdeutschen Streitkräfteaufbaus in der zweiten Hälfte der 1950er Jahre projizierten. Die Planungen der NATO sahen zum damaligen Zeitpunkt nämlich vor, eine nachdrückliche Verteidigung frühestens jenseits des Rheins aufzunehmen.[136]

Verschiedene Universitätsstädte wurden im Frühjahr 1956 als Standort einer Führungsakademie diskutiert. Etwa Köln aufgrund der Nähe zur Bundeshauptstadt Bonn, wo die »für die Lehrgänge benötigten Vortragenden (Minister, Staatssekretäre, Politiker, Wirtschaftler, Industrielle) (...) leicht

134 Zit. n. ebd., S. 67.

135 BArch, BW 2/869, Vermerk betr. FüAkBw vom 22.1.1957.

136 Vgl. Bruno Thoß, NATO-Strategie und nationale Verteidigungsplanung. Planung und Aufbau der Bundeswehr unter den Bedingungen einer massiven atomaren Vergeltungsstrategie (1952–1960), München 2006.

erreichbar« wären. Und: »Baugelände vorhanden.«[137] Per Staatssekretärsweisung an die Abteilungsleiter (späterhin Inspekteure) Heer, Luftwaffe und Marine wurde die Standortsuche am 16. Juni 1956 allerdings dahingehend beendet und vordergründig entschieden, dass eine einheitliche Führungsakademie für die General- und Admiralstabsausbildung in Heidelberg errichtet werden sollte, und zwar mit Lehrgängen für die Streitkräfte, das Heer, die Luftwaffe und die Marine sowie für die Höhere Truppenführung. Eine klare Entscheidung war auch deshalb unumgänglich geworden, weil das Heer im Frühjahr 1957 mit der Ausbildung des ersten Lehrgangs beginnen wollte, während Luftwaffe und Marine noch ein weiteres halbes Planungsjahr zugestanden bekommen hatten.

Im Falle der gemeinsamen Generalstabsausbildung traten jedoch retardierende Momente auf, und zwar zunächst hauptsächlich in Gestalt des Abteilungsleiters Luftwaffe, General Joseph Kammhuber (1896–1986). Ihm schwebte für die Luftwaffenakademie während der Aufbauzeit als Standort Karlsruhe vor, um sie dann später nach München zu verlegen. Kaum, dass die Standortentscheidung für Heidelberg verfügt worden war, ließ er den Führungsstab der Streitkräfte kompromisslos wissen, dass sich die Luftwaffe nur an den Lehrgängen für die Höhere Truppenführung und für die Streitkräfte beteiligen werde. »Die Generalstabsausbildung auf der unteren Ebene erfolgt für die Luftwaffe auf einer selbständigen Führungsakademie der Luftwaffe.«[138]

Mehr noch stellte Kammhuber den anderen Teilstreitkräften anheim, mit ihren Akademien ebenfalls nach München zu gehen, wo es ein augenscheinlich ausreichendes Platz- und Raumangebot geben würde. Entscheidend war für ihn allerdings, dass die Unterstellungsverhältnisse nicht angetastet werden dürften: »Keine Einwendungen, dass bei Verlegung nach München die Heeresakademie, Luftwaffenakademie, Marineakademie und die Lehrgänge für die Gesamtstreitkräfte unter Beibehalt der unmittelbaren Unterstellung unter den jeweiligen Abteilungsleiter örtlich zusammengefasst werden. Ferner keine Bedenken gegen gemeinsamen Hausherrn, wenn dieser ein General der Gesamtstreitkräfte (möglichst Luftwaffe) wird,

137 Zit. n. Bald, Generalstabsausbildung, S. 68.
138 BArch, BW 2/867, Notiz betr. Vortrag Generalstabsausbildung bei Leiter Abt. VI vom 31.7.1956.

jedoch keine Änderung der Unterstellungsverhältnisse.«[139] Nur teilweise sollte es allerdings dazu kommen. Nicht nur zunächst, sondern durchaus auf lange Sicht hatte in der Frage der Generalstabsausbildung der »Separatismus der Teilstreitkräfte, ihre traditionelle Selbständigkeit (...) die Oberhand gewonnen«.[140]

Um die Jahreswende 1956/57 ging die Debatte um eine einheitliche Generalstabsausbildung und um deren Standort munter weiter. Zunächst hatte es den Anschein, dass der Verteidigungsminister im Januar 1957 den gordischen Knoten divergierender Interessen durchtrennt habe. Das Protokoll des Militärischen Führungsrates vermeldet zur Sitzung vom 24. Januar:

> *Führungsakademie: Der Minister hat seine definitive Entscheidung getroffen, dass die Generalstabsoffizier-Ausbildung der Teilstreitkräfte in einer Führungsakademie zusammenzufassen ist. Endgültiger Standort: Heidelberg. Für die als Provisorium zunächst getrennt geplanten Anlauflehrgänge wird der vorläufige Standort der Führungsakademie des Heeres Bad Ems auch zur Aufnahme der ersten Lehrgänge für Luftwaffe und Marine genügend aufnahmefähig sein. Dementsprechend soll durch Abt. V–VII mit den Teilstreitkräften die provisorische Zusammenfassung in Bad Ems, endgültiger Standort Heidelberg, geprüft und weiter bearbeitet werden.*[141]

Doch es blieb widersprüchlich. Kammhuber gelang es zunächst, Verteidigungsminister Franz Josef Strauß (1915–1988) wieder umzustimmen für eine eigenständige Luftwaffenakademie zunächst in Karlsruhe, dann in München. Als ihm die Abteilung Streitkräfte, die hinter dem Heidelberg-Projekt stand, allerdings die Konsequenzen aufzeigte, nach denen schon getroffene Vereinbarungen mit dem Land Baden-Württemberg dann hinfällig würden, änderte der Minister erneut seine Meinung. Jetzt also wieder Zwischenlösung in Bad Ems, bis die Baumaßnahmen in Heidelberg abgeschlossen seien. Die kompromisslose Haltung der Luftwaffe rief im Frühjahr 1957 schließlich den Abteilungsleiter Marine, Admiral Friedrich Ruge

139 BArch, BW 2/869, Vermerk betr. FüAkBw vom 22.1.1957.
140 Bald, Generalstabsausbildung, S. 71.
141 BArch, BW 2/869, Protokoll Nr. 40 des Militärischen Führungsrats vom 24.1.1957.

(1894–1985), auf den Plan. In Einsicht um die Sinnhaftigkeit einer gemeinsamen Ausbildung und trotz der Nachteile für seine Teilstreitkraft hätte er dem Standort Heidelberg zwar zugestimmt. In Anbetracht der Haltung der Luftwaffe, sich an den Lehrgängen in Bad Ems nicht zu beteiligen, wäre es für die Marine allerdings »nicht zumutbar, die Lehrgänge nur mit dem Heer gemeinsam in Bad Ems abzuhalten. Die Marine beabsichtige daher, diese Lehrgänge in Kiel oder auch in Flensburg einzurichten.«[142]

Augenscheinlich wurde dies als Drohung empfunden, womit das eigentlich ja von allen Beteiligten grundsätzlich angestrebte Reformkonzept der militärischen Ausbildung gänzlich hätte zugrunde gehen können. Am Ende wollte wohl keiner eine völlige Aufsplitterung und Dezentralisierung der Generalstabs- und Admiralstabsausbildung. Vielleicht hatte die Luftwaffe mit ihrer Haltung den Bogen auch etwas überspannt und die Konsensbereitschaft der beiden anderen Teilstreitkräfte überbeansprucht. Der Kompromiss, auf den sich letztlich alle einließen, sah zwar vor, die Teilstreitkräfte in einer Führungsakademie zusammenzufassen. Gleichzeitig aber sollte es darin kein einheitliches Ausbildungskonzept geben, begründet mit den tatsächlichen oder nur vorgegebenen Unterschieden bei den Ausbildungsinhalten. Dem entsprach auch die angedachte Gliederungsstruktur der Führungsakademie. Zugleich aber scheinen ökonomische Erwägungen eine nicht unbeträchtliche Rolle einer räumlichen Zusammenführung gespielt zu haben:

> *Die Ausbildung der Offiziere für den Generalstabs- und Admiralstabsdienst in der Bundeswehr wird im Interesse der Wirtschaftlichkeit und auch der Ausbildung der Führungsakademie an einem Standort zusammengefasst. Wegen der großen Verschiedenartigkeit der Ausbildungsziele und -zeiten ist jedoch eine völlige Vermischung der für die Generalstabs- bzw. für die Admiralstabsausbildung vorgesehenen Offiziere auf der Führungsakademie während der Ausbildungszeit undurchführbar. Es muss daher innerhalb der Führungsakademie der Bundeswehr noch je eine Akademie für jede Teilstreitkraft vorhanden sein.*[143]

142 Bald, Generalstabsausbildung, S. 77.
143 BArch, BW 2/869, Vermerk vom 11.5.1957.

Das vom Vorsitzenden des Militärischen Führungsrates, General Adolf Heusinger (1897–1982), favorisierte Konzept einer Führungsakademie für die Streitkräfte hatte die Luftwaffe aufgrund unterschiedlicher inhaltlicher Vorstellungen, aber auch aufgrund machtpolitischer Rivalität der Luftwaffe zu den übrigen Teilstreitkräften zwar verhindert. Nicht aber gelang es dem Abteilungsleiter Luftwaffe seinen Wunschstandort München durchzusetzen. Die ministerielle Entscheidung war ja für Heidelberg ausgefallen. Innerhalb der Gruppe der Abteilungsleiter im Verteidigungsministerium hatte die Stadt am Neckar im Leiter der Abteilung Streitkräfte, dem aus Württemberg stammenden General Hans Speidel, einen potenten Fürsprecher. Gleichwohl ging Heidelberg am Ende leer aus.

Die Standortfrage als Politikum

Die Frage nach der Unterbringung militärischer Einrichtungen in der Bundesrepublik Deutschland berührt einen sehr grundsätzlichen politischen Punkt der westdeutschen Aufrüstung, dem zu Teilen wenigstens sogar der erste Verteidigungsminister, Theodor Blank (1905–1972), politisch zum Opfer fallen sollte. Der westdeutsche Streitkräfteaufbau stand unter einem großen Zeitdruck. Wenn gemäß den Bündnisvereinbarungen ab 1955 innerhalb von drei Jahren bis zu 500.000 Mann unter Waffen stehen sollten, dann mussten aufgrund der politischen Verfasstheit der Bundesrepublik eigentlich fünf Vorbedingungen erfüllt sein:

1. Die Schaffung gesetzlicher Grundlagen als zentrale Voraussetzung,
2. die Bereitstellung der finanziellen Mittel,
3. die Bereitstellung von Personal und Material für die ersten Lehrgänge und Truppenteile,
4. die Einleitung von Baumaßnahmen und
5. den Anlauf von Rüstungsvorbereitungen.

Die ungelöste Unterbringungsfrage für die Soldaten sollte sich als das zentralste, drängendste Problem in der Aufbauphase herauskristallisieren, die es so schwierig machte, den ursprünglichen, ohnehin unrealistischen

Zeitplan für die Aufstellung der Bundeswehr einzuhalten. Weil die Verbündeten deshalb argwöhnten, die Deutschen würden sich nicht mit allem Nachdruck an den gemeinsamen westlichen Verteidigungsanstrengungen beteiligen, befürchtet Bundeskanzler Konrad Adenauer gar einen erheblichen außen- bzw. bündnispolitischen Schaden. Im Bundesparteivorstand der CDU fand er 1956 dazu klare Worte:

> *Wenn wir einem Engländer, einem Franzosen, einem Italiener, einem Amerikaner sagen: Wir haben keine Kasernen, und infolgedessen können wir keine Leute einziehen, dann sagt uns jeder von denen: Fabriken der modernsten Art könnt ihr bauen, ihr könnt unendlich vieles andere tun auf dem Gebiet des Wohnungsbauwesens und der sonstigen öffentlichen Bauten, nur Kasernen wollt ihr nicht bauen können! Das glauben wir euch nicht, dass ihr das nicht könnt. (...) Kein Ausländer, der durch Deutschland reist und sieht, was alles an neuen Bauten hier geschaffen worden ist, nimmt uns die Entschuldigung ab, wir hätten keine Kasernen bauen können und seien infolgedessen nicht in der Lage gewesen, Leute einzuziehen.*[144]

Wo aber sollten angesichts des durch das sogenannte Wirtschaftswunder bewirkten, deutlich sichtbaren sozialen Fortschritts die Hemmnisse zu suchen sein, die es Westdeutschland nicht erlaubten, die erforderliche militärische Infrastruktur bereitzustellen?[145] An einer mangelnden Lagefeststellung lag es nicht. Seit 1952 arbeiteten die militärischen Planer an einer Bestandsaufnahme verfügbarer oder verfügbar zu machender Unterbringungsmöglichkeiten für deutsche Truppen in der Bundesrepublik. Von 560 auf westdeutschem Territorium liegenden Kasernenanlagen waren etwa 380 von den Besatzungsmächten belegt, 180 dienten als Ersatzunterkünfte für Flüchtlinge, Betriebe oder Behörden. Und genau in diesen vielfältigen, oftmals komplexen Besitz- oder Nutzungsverhältnissen lag ein Gutteil jener Probleme, die dem Verteidigungsminister eine zeitgerechte infrastrukturelle Sicherstellung des Streitkräfteaufwuchses erschwerte. Rechtlich sah es so

144 Adenauer: »Wir haben wirklich etwas geschaffen.« Die Protokolle des CDU-Bundesvorstandes 1953–1957, bearb. v. Günter Buchstab, Düsseldorf 1990, S. 1115.

145 Grundsätzlich dazu Wolfgang Schmidt, Integration und Wandel. Die Infrastruktur der Streitkräfte als Faktor sozioökonomischer Modernisierung in der Bundesrepublik 1955 bis 1975, München 2006.

aus, dass seit 1945 die den Zwecken der ehemaligen Wehrmacht gewidmeten Liegenschaften des Reiches der Beschlagnahme, Verwaltung und Aufsicht durch die alliierten Militärregierungen unterlagen.

Während die französische und amerikanische Militärregierung kurz vor Verabschiedung des Grundgesetzes 1949 das Reichsvermögen ihrer Zonen auf die Länder übertrugen, stellte die britische Militärregierung die Eigentumsfrage unter Hinweis auf eben dieses Grundgesetz zurück. Ausgehend von der Identitätstheorie legte Artikel 134 zwar fest, dass das Vermögen des Reiches grundsätzlich Bundesvermögen wird. Jedoch bedurft es erst verschiedener Ausführungsgesetze und der ständigen Rechtsprechung des Bundesverfassungsgerichts, bevor dieser Verfassungsnorm in der Auseinandersetzung mit den Ländern bis in die zweite Hälfte der 1950er Jahre Geltung verschafft werden konnte. Auch wenn die Fiskalverwaltungen der Länder die Wiederverwendung ehemaliger Wehrmachtliegenschaften letztlich nicht verweigern konnten, gingen diese oftmals nur ungern daran, diese zurückzugeben. Jenseits von Rechts- und Fiskalstandpunkten bedeuteten die militärischen Liegenschaften ein erhebliches sozial- und wirtschaftspolitisches Potenzial, mit denen die Lösung so dringlicher Probleme wie Flüchtlingsaufnahme und -integration oder Linderung der Wohnungsnot erleichtert wurden.

Trotz drängender verteidigungspolitischer Sorgen musste die Aufrüstung der Bundesrepublik jedoch im Rahmen der rechtstaatlichen Ordnung vonstattengehen. Im Falle der militärischen Infrastruktur berührte dies besonders die vertikale Gewaltenteilung. Obwohl die Beteiligung der Länder und Kommunen an den Verteidigungsaufgaben erst 1957 im Gesetz über die Landbeschaffung für Aufgaben der Verteidigung (Landbeschaffungsgesetz) und im Gesetz über die Beschränkung von Grundeigentum für die militärische Verteidigung (Schutzbereichsgesetz) rechtlich geregelt werden konnte, versuchten Bund, Länder und Kommunen im Grunde genommen seit Beginn des westdeutschen Aufrüstungsprozesses die damit für die Bevölkerung verbundenen Lasten kollegial zu bearbeiten.

Aus Sicht der Länder ging es vor allem um Raumordnungsfragen und den damit zusammenhängenden sozialstrukturellen Effekten. Bald nachdem die ersten Überlegungen einer westdeutschen Aufrüstung konkreter zu werden begannen, richteten die Länder Koordinierungsstellen ein oder erweiterten das Aufgabenspektrum ihrer schon vorhandenen Ämter, welche sich mit den Anforderungen der Besatzungsstreitkräfte auseinander zu setzen hatten. Meist etatisiert in den Staatskanzleien oder in den für Bundesangelegenheiten zuständigen Ministerien, eng zusammenarbeitend mit den jeweiligen Vertretungen der Länder beim Bund, um zunächst einmal Informationen über den militärischen Infrastrukturbedarf zu erlangen und diesen gegebenenfalls in ihrem Sinne raum- und ordnungspolitisch mit steuern zu können. Begleitet wurde der Prozess freilich von oftmals unkoordinierten Gesprächen zwischen den Spitzen der Länder mit Angehörigen des Verteidigungsministeriums. Hier ging es beispielsweise darum, Geneigtheit zu erzielen, wenn in Standortfragen Konkurrenz auftrat. Im Suchen nach einem Platz für die Führungsakademie versicherte zum Beispiel 1956 der Leiter der Abteilung Streitkräfte, Hans Speidel, dem Landtagspräsidenten von Baden-Württemberg, Carl Neinhaus (1888–1965), sich »mit seiner vollen Person« für Heidelberg einzusetzen.[146]

In Hamburg schien man zunächst nicht gerade sehr begeistert darüber gewesen zu sein, wieder eine deutsche Garnisonstadt zu werden. Mit mehr als 20 ehemaligen, teilweise sehr raumgreifenden Wehrmachtsliegenschaften zählte die Hansestadt in den 1930er und 1940er Jahren zu den größten Standorten des Deutschen Reichs. Als die Belegung mit deutschen Truppen in der Bürgerschaft zu Jahresbeginn 1956 zur Sprache kam, bewertete der Senat mit Blick auf die im Bundesbesitz befindlichen Kasernen die Lage so:

> *An dieser Sachlage konnte der Senat nicht vorbeigehen und sich auf den Standpunkt stellen, dass das gesamte Gebiet der Hansestadt von einer Belegung ausgenommen werden müsste. Es sei denn, er wäre bereit gewesen, die beanspruchten Anlagen käuflich zu erwerben. Die damit verbundene gewaltige Belastung des Haushalts auf viele Jahre hinaus hätte jedoch die vielen zivilen Vorhaben ernsthaft gefährdet. Wegen des dringenden Bedarfs hätte der Bund solch langfristige Stundung der Kaufsumme abgelehnt. Der Senat hat deshalb geglaubt, das geringere Übel der Stationierung von Truppen unter bestimmten Voraussetzungen in Kauf nehmen zu müssen.*[147]

146 Bald, Generalstabsausbildung, S. 79.
147 StAHH, 136-1_561, Entwurf (undatiert, Anfang Februar 1956).

Nach den Erinnerungen des Beauftragten für die Verbindungen zur Bundeswehr im Hamburger Senat, Werner Eilers, hätte der Kaufpreis allein für eine Kaserne etwa bei 15 Mio DM gelegen. Um das »geringere Übel« gerade hinsichtlich Lärm- und Schmutzemissionen bei motorisierten Verbänden zu minimieren, bemühten sich die politisch Verantwortlichen Hamburgs in Bonn um Einflussnahme auf die Belegung. Zunächst auch mit Erfolg. Schon am 20. Juni 1956 konnte Verteidigungsstaatssekretär Dr. Josef Rust (1907–1997) dem Bevollmächtigten der Freien und Hansestadt am Sitz der Bundesregierung, Senator Dr. Renatus Weber (1908–1992), mitteilen, dass Hamburg wunschgemäß »als Standort einer der beiden Wehrakademien vorgesehen ist«.[148] Weil die Belange der Streitkräfte nicht mehr wie während der NS-Diktatur in einem geschützten Arkanbereich verhandelt, sondern weitgehend offen in der pluralistischen Medienrealität der Bundesrepublik präsentiert wurden, nimmt es kaum Wunder, dass die im Januar 1957 vom Verteidigungsministerium angestoßene Suche nach Alternativstandorten für eine Führungsakademie den Hamburgern nicht verborgen blieben. Auch wenn er eine diesbezügliche Zeitungsmeldung etwas bagatellisierte, so sind die Sorgen und möglichen negativen Folgen Hamburgs doch deutlich jenem Schreiben von Senator Weber an Staatssekretär Rust zu entnehmen:

> *Sie hatten mir unter dem 20. Juli 1956 geschrieben, dass Hamburg als Standort einer der beiden Wehrakademien vorgesehen ist. Ich las nun in der ›Welt am Sonntag‹ vom 20. Januar 1957 eine Meldung, nach der die hamburger (sic!) Chancen für die Heeresakademie schlecht beurteilt werden. Ich pflege nun Zeitungsnachrichten prinzipiell nicht zu ernst zu nehmen, insbesondere dann, wenn ich ein gegenteiliges Schreiben des Staatssekretärs des Bundesverteidigungsministeriums in Hände habe. Immerhin wollte ich noch einmal Ihre Aufmerksamkeit auf diese Angelegenheit lenken. Sie wissen, dass wir in Hamburg ein Interesse daran haben, dass die vielen Kasernen, die Ihnen dort zur Verfügung stehen, nicht nur mit Truppen belegt werden, da wir alsdann Schwierigkeiten befürchten, die sich aus dem Charakter einer Großstadt ergeben.*[149]

148 BArch, BW 1/21441.
149 BArch, BW 1/21442, Schreiben vom 31.1.1957.

Trotz der Intervention lief die Sache im ersten Halbjahr 1957 schlecht für Hamburg. Zwar hegte man in Bonn weiterhin grundsätzlich die Absicht, »eine der beiden Wehrakademien nach Hamburg zu legen.«[150]

Wegen Änderungen bei der Aufstellungsplanung habe man dafür aber keine Mittel für das Haushaltsjahr 1957 einstellen können, weshalb man auch den Zeitpunkt für die Errichtung einer Wehrakademie nicht benennen könne. Eine vermutlich kaum tröstliche Auskunft, zumal die Auseinandersetzung um Charakter und Standort der zukünftigen Führungsakademie in diesen Monaten auch in Baden-Württemberg mit Argusaugen verfolgt wurde. So wie der Hamburger Senator für Bundesangelegenheiten zeigte sich auch der Kollege aus Stuttgart im Januar 1957 gegenüber dem Bundeskanzleramt besorgt darüber, Heidelberg könne leer ausgehen. Tatsächlich hätte dort neu gebaut werden müssen. Wegen zu abseitiger Lage von der Stadt und nicht zuletzt aus finanziellen Gründen fanden die angebotenen Baugelände bei einer Begehung allerdings keine Zustimmung:
Wenn man neben der verkehrsmäßig ungünstigen Lage des Geländes und den dadurch hervorgerufenen Schwierigkeiten noch in Betracht zieht, dass relativ hohe Erschließungskosten entstehen werden, erscheint die weitere Befürwortung des Projektes militärisch nur gerechtfertigt, wenn sich keine andere Möglichkeiten finden sollten, in günstigerer Lage und mit geringeren Mitteln die Führungsakademie in einer anderen Stadt zu errichten.[151]

Wie in vergleichbaren Infrastrukturfragen in der Aufbauphase der Bundeswehr zeigte sich auch bei der Standortsuche für die Führungsakademie, dass der politische Lobbyismus in strittigen Fragen am Ende zwar meist hinter militärischen Notwendigkeiten oder, viel wichtiger, finanziellen Erwägungen zurücktreten musste. Gleichwohl drehte sich in diesem Falle das politisch-militärische Interventionskarussell 1957 munter weiter. Kurz nach der Geländebegehung in Heidelberg wandte sich der Präsident des hamburgischen Senats direkt an den Verteidigungsminister. Vermutlich

150 Ebd., Schreiben vom 13.2.1957.
151 BArch, BW 2/869, Besprechungsvermerk über Besichtigung von Heidelberg, 24.6.1957.

kannte man das dortige, wenig ermutigende Ergebnis für die Neckarstadt und setzte mit einem Angebot im eigenen Interesse nach – und zwar auf politischer Spitzenebene.

Kurt Sieveking (1897–1986) suchte Franz Josef Strauß' Interesse darauf zu lenken, dass »in absehbarer Zeit in den Elbgemeinden eine Reihe von Unterkünften frei (werden), die bisher von den Engländern bewohnt waren und jetzt an die Bundeswehr übergehen sollen«.[152] Konkret ging es um die Iserbrook-Kaserne an der Osdorfer Landstraße sowie um das ehemalige LGKdo in Blankenese, die zeitgenössischen Uxbridge Barracks. Unter Hinweis auf bereits erfolgte Erwägungen zwischen dem Leiter der Zentralabteilung im Verteidigungsministerium und dem für infrastrukturelle Territorialaufgaben zuständigen Präsidenten der Wehrbereichsverwaltung I in Kiel hinsichtlich künftiger Belegungsmöglichkeiten, machte Sieveking den Dienstsitz des LGKdos XI gegenüber Strauß wie folgt schmackhaft:

> *Das ehemalige Luftgaukommando würde sich geradezu ideal für die Aufnahme einer Militärakademie eignen, und der Gedanke, eine solche Akademie in Hamburg anzusiedeln, erscheint mir auch aus allgemeinen Gesichtspunkten außerordentlich reizvoll. Nicht nur, dass auch hier eine große Universität zur Verfügung stände, würde die Stadt als solche mit ihren Verbindungen in die ganze Welt und der daraus resultierenden Atmosphäre sicher den Besuchern der Akademie zugute sein. Es kommt hinzu, dass beide Pläne, insbesondere der zweite hinsichtlich der Militärakademie, sich mit verhältnismäßig sehr geringen Kosten würden durchführen lassen, und dass schließlich auch die in meinen Vorschlägen vorgesehenen Einheiten solche wären, die kein Übungsgelände benötigten. Denn wir sind wohl mit Ihrem Ministerium darüber einig, dass solche Übungsgelände in den Elbvororten und ihrer näheren Umgebung nicht zur Verfügung stehen werden. Das ist in einem Schnellbrief Ihres Ministeriums vom 2.11.1956 (…) auch ausdrücklich anerkannt worden. Kurz gesagt, ich glaube, wir würden alle nur Freude haben, wenn sich die oben von mir skizzierten Absichten verwirklichen ließen, und in diesem Sinne habe ich es für richtig gehalten, Ihnen deswegen noch einmal*

152 BArch, BW 1/21441, Kurt Sieveking an Franz Josef Strauß vom 19.6.1957.

persönlich zu schreiben, nachdem, wie gesagt, die bisher mit der Angelegenheit auf beiden Seiten befassten Herren schon weitgehend eine Übereinstimmung ihrer Absichten haben feststellen können.[153]

Aus hamburgischer Perspektive war die Intervention ganz nach oben auch deshalb wohl angezeigt, weil Heidelberg trotz der geringen Attraktivität des Baugeländes noch nicht endgültig aus dem Rennen war. Unmittelbar nach einer Besichtigung des noch von den Engländern belegten LGKdos durch Offiziere der Bundeswehr zusammen mit einem Vertreter des hamburgischen Senats am 1. Juli 1957, welche sich u. a. aufgrund der vorhandenen Infrastruktur für die Liegenschaft aussprachen, schmiedete man das Eisen auf mittlerer Ebene weiter.[154] Der Bevollmächtigte Hamburgs beim Bund stellte gegenüber dem Staatssekretär im Verteidigungsministerium nachdrücklich die seiner Meinung nach bessere Eignung Hamburgs vor Heidelberg heraus:

Im einzelnen hat die Anlage des Luftgaukommandos folgende Vorzüge gegenüber Heidelberg:

1. *Das Gelände ist mehr als doppelt so groß (annähernd 30 ha).*
2. *Kostenfrage : Der Aufbau in Heidelberg wird auf mehr als 20 Mill. DM geschätzt. In einem weitab von der Stadt gelegenen Waldstück muss vollkommen von vorn begonnen werden. In Hamburg ist nur die Errichtung von massiven zweistöckigen Unterkünften und Hörsälen erforderlich. Die vorhandenen Baracken, die bisher als Unterkünfte gedient haben, sollen nach und nach abgebrochen werden. Ein massives geräumiges Verwaltungsgebäude sowie sämtliche Wirtschafts- und Versorgungseinrichtungen können ohne nennenswerte Umbauten für den gedachten Zweck sofort herangezogen werden.*
3. *Die gesamte Liegenschaft ist parkartig hergerichtet und eignet sich damit für einen solchen Lehrbetrieb sehr gut.*
4. *Im Sommer ist das Klima in Hamburg für derartige Lehrgänge wesentliche erträglicher.*

153 Ebd., Kurt Sieveking an Franz Josef Strauß vom 19.6.1957.
154 BArch, BW 2/868, Vermerk betr. Militärische Begutachtung der Liegenschaft des ehem. LGKdos Hamburg vom 5.7.1957.

5. *Zur Stadt bestehen günstige Verkehrsverbindungen durch S-Bahn und Schnellbus.*
6. *Umfangreiche Unterstellmöglichkeiten für PKW sind in der in unmittelbarer Nachbarschaft gelegenen Iserbrook-Kaserne vorhanden.*
7. *Für die Angehörigen der britischen Streitkräfte sind in diesem Raume in den vergangenen Jahren zahlreiche Wohnungen gebaut worden. Der Bedarf der Akademie könnte damit fast zur Hälfte gedeckt werden.*
8. *Hamburg besitzt fast unerschöpfliche Bildungsmöglichkeiten und hat die Atmosphäre einer Großstadt, die insbesondere durch ihren Hafen unmittelbar und in erheblichem Maße mit der gesamten Welt verbunden ist.*[155]

Lediglich an einem ungünstigen Umstand konnte man nicht vorbeigehen. Vortragende aus Bonn hätten eine längere Anreise. Eine »Unbequemlichkeit«, die, so war der Absender überzeugt, bei »den gegenwärtigen Zugverbindungen (FD-Züge brauchen knapp 6 Stunden)« sicher in Kauf genommen werden könnten.

Bad Ems, Heidelberg, Hamburg

Ohnehin neigten die Liegenschaftsabteilung im Verteidigungsministerium und auch die Abteilung Streitkräfte zusehends nach Hamburg, wo sich das ehemalige LGKdo »besonders auch im Hinblick auf die ruhige Lage in dem Villenvorort Blankenese sehr gut eigne«[156]. Dennoch konnte sich Hamburg im Sommer 1957 keinesfalls sicher sein, den Zuschlag für die Führungsakademie zu erhalten, zumal der Verteidigungsminister in der Standortfrage hin und her schwankte: »Herr Minister hat am 13. (August) abends entschieden, die Führungsakademie solle nicht nach Hamburg kommen.«[157]

Auslöser dieser »Entscheidung« war augenscheinlich der erste Komman-

155 BArch, BW 1/21442.
156 BArch, BW 1/21441, Liegenschaftsabteilung an Führungsstab der Bundeswehr vom 27.7.1957.
157 BArch, BW 1/11419, Vermerk betr. FüAkBw vom 14.8.1957.

deur der FüAkBw, Generalmajor Heinz Gaedcke (1905–1992). Er hielt Bad Ems, wo am 1. April 1957 die erste Kurz- bzw. Auffrischungsausbildung für 30 Teilnehmer des letzten Heeresgeneralstabslehrgangs der Wehrmacht als erster Generalstabslehrgang der Bundeswehr begonnen hatte[158], an sich für durchaus geeignet, mehr als nur ein temporäres Provisorium zu sein. Seine umfängliche Begründung für das Kurbad an der Lahn begann Gaedcke mit einem zwar schon aus damaliger Sicht eher unrealistischen Argument, wiewohl es mit Blick auf die Berufsbiographie des 1905 geborenen Offiziers als Option durchaus den Projektionen der militärischen Altelite entsprochen haben mochte. Maßgebend für den Standort der Führungsakademie müsse erstens sein die »Möglichkeit später wieder nach Berlin gehen zu können.« Dies dürfe »nicht durch ein Provisorium mit zu großem Aufwand erschwert oder gar unmöglich gemacht werden«.[159]

Auch wenn er Hamburg nicht direkt erwähnte, so ergibt sich doch anhand seines Kriterienkatalogs indirekt, dass damit nur Bad Ems gemeint sein konnte. So müsse der Platz nahe am Sitz des Verteidigungsministeriums liegen, »um maßgebliche Referenten zu Vorträgen und Aussprachen schnell und ohne großen Zeitaufwand zur Stelle zu haben, oder um Offiziere der Akademie ebensoschnell an Besprechungen im Ministerium teilhaben zu lassen«. Gaedcke rechnete auch vor, dass bei einer Entfernung von 88 Autobahnkilometern »jeder Offizier, der von Bonn nach Bad Ems oder umgekehrt zum Vortrag fahren muss, (…) bei einstündigem Aufenthalt am Zielort von seiner Dienststelle nur 4 Stunden abwesend« sei. Die Autobahnkilometer waren ihm aber auch ein gewichtiges Argument bei der gewünschten akademischen Bildung. Ein »Kranz von Universitäten und anderen Hochschulen« umgebe Bad Ems, »der es ermöglicht, jede gewünschte Lehrkraft ohne Schwierigkeiten herbeizuholen (Autoentfernungen Universität Bonn 85 km, Köln 100 km, Frankfurt 113 km, Marburg 141 km, Gießen 102 km, Mainz 85 km)«. Die Entfernungen sollten für Gaedcke an der Akademie offenbar eine geistige Vielfalt bewirken, wohingegen man in Heidelberg »mehr oder weniger an den dortigen Stamm von Professoren ge-

158 Vgl. Otmar Hackl, Die Generalstabsausbildung des Heeres vom Sommer 1944 bis Frühjahr 1945, Osnabrück 2001.

159 BArch, BW 1/11419, Kommandeur der FüAkBw an Generalinspekteur der Bundeswehr vom 23.8.1957.

bunden« wäre. Neben den landschaftlichen Reizen sprach die Gegend nach Ansicht des Kommandeurs auch deshalb für Bad Ems, weil es »für Planspiele und Geländebesprechungen der Teilakademien unzählige, mannigfache Möglichkeiten (gebe), die keine Einförmigkeit aufkommen lassen«. Nur eine Einschränkung musste er nolens volens gelten lassen. An »geistigen Anregungen« kultureller, politischer und ökonomischer Natur herrsche im Staatsbad Ems ein Mangel. Namentlich dann, wenn »im Winter der Kurbetrieb ruht, ist der Ort nahezu tot«. Auf der anderen Seite eine für die Akademie aber »besonders dankbare Aufgabe«, aus eigenen Mitteln eine Art Kulturprogramm aufzuziehen, eine Aufgabe, die »zu ihrer Wesensart heute ohnehin gehört«.

Nun gab es aber auch harte Faktoren, die Gaedcke dem Generalinspekteur unterbreitete. Für die geplanten 300 Lehrgangsteilnehmer müssten weitere acht Hörsäle zu den sieben vorhandenen gebaut werden. Das »Gesetz der Sparsamkeit nicht außer Acht« lassend, bedürfte die alte Gendarmeriekaserne allerdings einer grundlegenden Sanierung der Gebäude, um »als höchste militärische Lehranstalt« einen Teil der »Repräsentation der Bundeswehr« auch gegenüber den »zahlreichen ausländischen Besuchern« mit übernehmen zu können. Darunter fielen ein großer Vortragssaal sowie ein »behaglich eingerichtetes« Offizierheim. Im Wissen, dass eine solche Baumaßnahme teuer werden konnte, stellte der Kommandeur den präsumtiven Finanzwächtern des Verteidigungsministeriums neben den geschätzten Einsparungen in anderen Bereichen »Hygienefaktoren« entgegen, die seiner Meinung nach einen erheblich gewichtigeren Effekt ergeben würden:

> *Für das kameradschaftliche Leben der Führergehilfen untereinander, für gesellige Zusammenkünfte mit den maßgeblichen Personen der zivilen Seite oder für Veranstaltungen der Familien ist ein gediegen eingerichtetes Offizierheim erforderlich. Es könnte gerade bei den Zusammenkünften mit Zivil und im Anschluss an die kulturellen Veranstaltungen zu einem besonderen Mittelpunkt des Lebens der Akademie werden. Man sollte sich zu beiden Bauten umso leichter entschließen, als bei einer Stationierung der Akademie in Bad Ems auf anderen Gebieten gespart wird. Beide Anlagen werden in ihrer Zweckbestimmung ein wesentliches Mittel sein, Art und Wesen des künftigen deutschen*

Generalstabsoffiziers zu formen – wahrscheinlich mehr, als es die kulturellen Einrichtungen einer Großstadt ermöglichen, wo der Zusammenhalt lockerer ist.

Der gewisse Schuss sozialer Exklusivität, der hinter diesen Argumenten liegen mochte, endete aber an der unzureichenden Wohnungslage in Bad Ems. Hinsichtlich des in der Kleinstadt kaum lösbaren Problems für die Stamm- und Lehrgangsoffiziere neigte Generalmajor Heinz Gaedcke sogar zu kreativen Lösungen, durchaus im Einklang mit zeitgemäßen Fürsorgevorstellungen. Auf welchen Grundlagen auch immer nachfolgende Rechnung basierte, ging man jedenfalls davon aus, dass 25 Prozent der Führergehilfen, die auf dem Akademiegelände untergebracht werden müssten, unverheiratet seien. Weil es aber nach Einbau weiterer Hörsäle nur 53 Einzelzimmer auf dem Akademiegelände gebe, müssten weitere durch Ankauf in einem nebenan gelegenen ehemaligen Diakonissenheim »Friedenswarte« geschaffen werden. Für die Unterbringung der geschätzt 225 verheirateten Offiziere kam Gaedcke auf folgende Idee: Weil man »diese Offiziere – nach der langen Trennung von ihren Familien während der Aufbauzeit der Bundeswehr – in der Lehrgangszeit nicht wieder von ihren Frauen und Kindern trennen« (könne), es aber kaum so rasch in Bad Ems entsprechende Familienwohnungen gebaut werden könnten, böte es sich an:

Eine Art von ›Boarding House‹ zu schaffen, in denen die Führergehilfen etwa in 2 Zimmerwohnungen mit Koch- und Duschnische wohnen. Hierfür könnten in Bad Ems leerstehende Hotels erworben und ausgebaut oder vermietet werden. Wenn die verheirateten Führergehilfen in diesen Boardinghouses auf Staatskosten wohnen und der Staat ihnen notfalls die am bisherigen Standort beibehaltene Privatwohnung oder die Unterstellung der Möbel bezahlt, stellt sich dies billiger, als wenn der Staat ihnen für ein oder zwei Jahre Trennungsentschädigung zahlt.

Die großen Fragezeichen-Marginalien in Kopierstift am Rand der Vorlage verdeutlichen allerdings, dass man höheren Orts wohl nicht wusste, ob und wie man damit umgehen sollte. Zumal noch gänzlich unbekannt war, ob die Diakonissen überhaupt daran dachten, ihr Haus »Friedenswarte« der Bundeswehr zu verkaufen. Die Unterkunftsproblematik betraf übrigens auch das Stammpersonal der Führungsakademie, wofür etwa 70 Dreieinhalb- bis Sechszimmer-Wohnungen erst hätten gebaut werden müssen.

Summa summarum schlussfolgerte Gaedcke erstens militärisch knapp, dass zum Standort der Führungsakademie »ab sofort als endgültige Entscheidung Bad Ems bestimmt werden« kann, was einen der höheren Orts paraphierenden Adressaten in kräftigem Strich zu der Marginalie »ja« bewegte. Zumal Gaedckes an anderer Stelle vorgenommene Andeutung, wenn späterhin vielleicht einmal nach Berlin umgezogen werden könne, in Bad Ems nur geringe Mittel investiert worden wären, auch auf gerne Gehörtes und allfällige Zustimmung jener damaligen Offizier- und Beamtengeneration gestoßen haben mochte. Die zweite Schlussfolgerung zeugt allerdings von noch weniger Realitätssinn des Generalmajors. Vielleicht wähnte er sich weiterhin ein bischen in den hypertrophen militärischen Machbarkeitsdiktaten während der NS-Zeit, wenn er forderte: »Die in diesem Schreiben vorgeschlagenen Umbauten, Erweiterungen und Verbesserungen halten sich in erträglichen Grenzen. Sie müssen ab sofort in Angriff genommen werden, damit der nächste Generalstabslehrgang am 1. April 1958 störungsfrei anlaufen kann und nicht etwa danach in den Unterkünften noch weiter gebaut wird. (Störungs- und Sicherheitsgrund!).« Dem leitenden Beamten in der Liegenschaftsabteilung des Verteidigungsministeriums nötigte eine solche Forderung lediglich ein »Das ist unmöglich!« ab.

Tatsächlich hatten die Befürworter von Bad Ems, unter ihnen auch der Inspekteur des Heeres, die Rechnung ohne den – im Wortsinne – Wirt gemacht. Schon der Verteidigungsminister machte eine Entscheidung für Bad Ems oder Heidelberg – von Hamburg war Ende August 1957 gar keine Rede mehr – jetzt davon abhängig, ob trotz der erforderlichen Zubauten in Bad Ems »im wesentlichen Umfange Haushaltsmittel eingespart werden können gegenüber einem Neubau in Heidelberg«[160]. Der Bundesminister der Finanzen rechnete seinem Kollegen dann vor, dass sich die Herrichtung der ehemaligen Gendarmeriekaserne in Bad Ems als Führungsakademie für 400 Lehrgangsteilnehmer und 70 Personen Stammpersonal schätzungsweise auf 3 Mio DM belaufen würden. Demgegenüber ständen ca. 18 Mio DM für

160 BArch, BW 1/11419, Vermerk betr. Führungsakademie Bad Ems vom 28.8.1958.

einen Neubau. Deutliche Kritik musste das Verteidigungsressort auch dafür einstecken, weil eine infrastrukturelle und fiskalische Entscheidung, wohin die Führungsakademie endgültig kommen solle, noch immer nicht getroffen worden sei. Zudem lägen keine Stärkeberechnungen und Raumbedarfsnachweise für eine einwandfreie Kostenschätzung vor, aus welchen sich überdies die bauliche Gliederung der Akademie entwickeln ließe. Kurzum, das Finanzministerium rügte unverhohlen das in dieser Angelegenheit unprofessionelle Gebaren des Nachbarressorts, naturgemäß aus fiskalischer Perspektive, und setzte den Verantwortlichen gleichsam die Pistole auf die Brust, endlich zu einer Entscheidung zu kommen:

> *Um die Akademie in Bad Ems ihrem Range nach entsprechend herzurichten und so auszubauen, dass der Lehrbetrieb sinnvoll vor sich geht, kann auf ein Programm für den Endzustand nicht mehr verzichtet werden. Alle Provisorien sind teuer. Alle Teilmaßnahmen ohne Blick auf das Ganze bedeuten das Risiko von Fehlinvestitionen oder überhöhten Kosten. (…) Ich darf Ihr Einverständnis annehmen, dass von weiteren Baumaßnahmen in der ehem. Gendarmeriekaserne in Bad Ems über die bereits genehmigten mit einer Kostenhöhe von 450.000 DM hinaus vorerst abgesehen wird, bis klargestellt ist, ob die Akademie endgültig dort verbleibt oder ob eine andere Dienststelle oder Einheit dort untergebracht wird. Die Gebäude werden zur Vermeidung unabsehbarer Kosten in jedem Falle auf den endgültigen Verwendungszweck hin ausgebaut werden müssen, mit dem sich der vorübergehend untergebrachte Nutznießer abfinden muss.*[161]

Entscheidung für Hamburg

Der Druck aus dem Finanzressort führte bei der Liegenschaftsabteilung des Verteidigungsministeriums nun dazu, einen Kostenvergleich zwischen Bad Ems, Heidelberg und jetzt wieder Hamburg zu veranlassen. Das diesbezügliche Referat konnte wegen der Kürze des erteilten Prüfauftrages zunächst zwar keine exakten Kosten vorlegen, wies aber darauf hin, dass die unzer-

161 Ebd., Bundesminister der Finanzen an Bundesminister für Verteidigung vom 19.9.1957.

störte Anlage des ehemaligen LGKdos in Blankenese seit der Kapitulation im Jahre 1945 von den britischen Besatzungsstreitkräften ständig in Betrieb gehalten worden sei. Demzufolge seien auch alle Versorgungseinrichtungen betriebsklar. Die Holzbaracken seien geräumig und sehr gut erhalten und könnten nach Entfernung von Zwischenwänden für eine Übergangszeit als Hörsäle genutzt werden. An Herrichtungskosten schätzte man 1 Mio DM, die sich beim Bau eines gegebenenfalls sofort notwendigen massiven Hörsaalgebäudes um weitere 1 bis 1,5 Mio DM erhöhen könnten. Das Referat fasste die Vorzüge ihres Favoriten gegenüber dem Abteilungsleiter so zusammen: »Beste Lage in Hamburg, parkartig (26 ha), betriebsklar, geringste Herrichtungskosten, Weltstadt.«[162]

Eine kurz darauf erstelle Synopse[163] zwischen Heidelberg, Bad Ems und Hamburg erbrachte dann tatsächlich belastbare Kostenschätzungen. Sie ließ einmal mehr am Ende die meisten von Militärs oder Politikern gemachten Versprechungen oder Zusagen um Belegung mit einer Bundeswehrdienststelle bzw. ihrer Wahrnehmungen oder den Hoffnungen in den betroffenen Kommunen in Schall und Rauch aufgehen. Bei grundsätzlicher Eignung einer Liegenschaft für eine militärische Nutzung war nämlich der Finanzrahmen die entscheidende Bestimmungsgröße, nicht tatsächliche oder vermeintliche militärische Notwendigkeiten bzw. politische Beziehungen gleich welcher Art auch immer. Ziemlich unmissverständlich hatte die Liegenschaftsabteilung des Verteidigungsministeriums bereits im Januar 1957 darauf hingewiesen, dass »die Haushaltsabteilung sowie das Bundesfinanzministerium und der Bundesrechnungshof einer Aufstellung einzelner Akademien der Teilstreitkräfte im Hinblick auf die damit verbundenen Mehrkosten für Personal und Material nicht zustimmen«.[164]

Für Heidelberg bezifferte man die Kosten auf 33,5 Mio DM, für Bad Ems würden fast 8,5 Mio DM zu Buch schlagen. Hamburg war mit 4,75 Mio DM am billigsten, zumal es hier keinen Grunderwerb brauchte, weil das Gelände sich bereits im Besitz des Bundes befand. In Heidelberg hätten Grunderwerb und Erschließung ca. 3 Mio DM gekostet, die Neubauten für die Akademie wären auf 25 Mio DM gekommen sowie noch einmal 2,5 Mio DM

162 BArch, BW 1/2141, Vermerk betr. Unterbringung der Führungsakademie in Hamburg vom 19.9.1957.
163 BArch, BW 2/21442.
164 BArch BW 2/869, Vermerk vom 22.1.1957.

für den Bau von 260 Wohnungen. Nämliches wäre auch in Bad Ems eingetreten, wohingegen das geforderte Offizierheim bei 1 Mio DM lag. Der Rest verteilte sich auf die Herrichtungsmaßnahmen der bestehenden, zum Teil sehr alten Bausubstanz sowie Zubauten wie Vortragssaal, Kraftfahrzeughallen oder Sportanlagen. In Hamburg hingegen lag der Neubaubedarf an Wohnungen nur bei 140 Einheiten zu 2,8 Mio DM als höchstem Einzelposten. Die geringere Zahl ergab sich außer den im Zusammenhang mit dem LGKdo gebauten Offizierswohngebäuden u. a. dadurch, dass die Bundesrepublik Deutschland seit Beginn der 1950er Jahre Ersatzwohnraum für die Besatzungstruppen geschaffen hatte.[165] Ein Ergebnis des Stationierungsabkommens, welches mit dem Beitritt Westdeutschlands zur NATO geschlossen worden war, um als wohnungs- und damit sozialpolitische Maßnahme weitere Requisitionen an Wohnraum durch die Besatzungsmacht bzw. dann Stationierungsstreitkräfte zu verhindern.

Aus dem Topf für Stationierungskosten bzw. weiteren Wohnungsbaufonds des Finanzministeriums waren im Umfeld des ehemaligen LGKdos folgende Wohneinheiten für die britischen Truppen gebaut worden. Man hoffte, dass diese bei einer Auflösung der britischen Garnison für Zwecke des Bundes frei würden.[166]

Manteuffelstraße:	1 Reihenhaus	4 Wohneinheiten
	4 Doppelhäuser	8 Wohneinheiten
Blomkamp:	17 Doppelhäuser	34 Wohneinheiten
Grotefendweg:	11 Doppelhäuser	22 Wohneinheiten
Rugenbarg:		28 Geschosswohnungen
Georg-Bonne-Straße:[167]	2 Einzelhäuser	
Kaserne Osdorf:	1 Einzelhaus	
Schenefelder Landstraße:	4 Doppelhäuser	8 Wohneinheiten
Osdorfer Landstraße:	1 Reihenhaus	4 Wohneinheiten

165 Vgl. Helmut Rocke, Leistungen der Bundesrepublik Deutschland für die ausländischen Streitkräfte, in: Die finanzielle Liquidation des Krieges beim Aufbau der Bundesrepublik Deutschland, Bonn 1961, S. 19–30.

166 BArch, BW 1/21442, Senatskanzlei Hamburg an Verteidigungsministerium vom 4.7.1957.

167 Aufgrund seiner antisemitischen Schriften ist der Namensgeber in die Kritik geraten. 1997 wurden zwei Abschnitte dieser Straße umbenannt in Am Seegerichtshof und Christian-F.-Hansen-Straße. Laut Beschluss der Bezirksversammlung Altona vom 30.1.2020 soll die Umbenennung des letzten Abschnittes erfolgen. Der neue Name stand bei Drucklegung dieses Buches noch nicht fest.

Auf Grundlage der vergleichenden Bewertung zwischen Heidelberg, Bad Ems und Hamburg wurde in der Abteilungsleiterbesprechung des Verteidigungsministeriums am 23. September 1957 entschieden, Minister Strauß den Vorschlag zu unterbreiten, Hamburg als künftigen Sitz der FüAkBw zu bestimmen: »Maßgebend war hierfür, dass Hamburg offensichtlich die wirtschaftlichste Lösung darstellt.«[168] Dass der dann auch erfolgte Zuschlag vor allem der persönlichen Einflussnahme Hamburger Politiker und Beamter in Bonn geschuldet gewesen sein soll, wie sich der für Belange der Bundeswehr im Hamburger Senat zuständige Beamte Werner Eilers Jahrzehnte später erinnerte[169], ist leidlich übertrieben und geht am eigentlichen Ent-scheidungsprozess schon etwas vorbei.

Im Wissen um die vermutliche Enttäuschung, die eine solche Entscheidung in Heidelberg hervorrufen würde, suchte man dort Alternativen anzubieten. Während eines persönlichen Gesprächs zwischen Hansgeorg Schiffers, dem Abteilungsleiter Liegenschaften im Verteidigungsressort, und Oskar Farny (1891–1983), Bevollmächtigter des Landes Baden-Württemberg beim Bund, ließ letzterer jedenfalls erkennen, »dass die Begründung für die Wahl Hamburgs als Sitz der Führungsakademie besonders hinsichtlich der wirtschaftlichen Beurteilung anerkannt werden müsse«.[170] Und die Alternativen für den Südweststaat sahen auch gar nicht so schlecht aus. Farny zeigte sich besonders befriedigt darüber, dass über den Sitz der Bundeswehr-Verwaltungsschule endgültig zu Gunsten von Mannheim entschieden worden sei. Nachdem die innerministerielle Entscheidung nun zugunsten Hamburgs gefallen war, verfügte der Führungsstab der Bundeswehr am 30. Oktober 1957:

> *In Abänderung des Abschnitts IV Unterbringung des im Vorgang genannten Aufstellungsbefehls Nr. 30 a wird als zukünftiger Standort der Führungsakademie Hamburg-Blankenese, Gelände und Gebäude des ehem. Luftgaukommandos XI, bestimmt. Es ist beabsichtigt, die Verlegung von Bad Ems nach Hamburg-Blankenese möglichst zum*

168 BArch, BW 1/21441, Vermerk vom 24.9.1957.
169 Werner Eilers, »... allein zum Wohle unseres Landes!« Die Verlegung der Führungsakademie der Bundeswehr nach Hamburg, in: 40 Jahre Führungsakademie der Bundeswehr 1957–1997. Oktober 1998.
170 BArch, BW 1/21441, Vermerk betr. Festlegung des Sitzes der Führungsakademie und andere Liegenschaftsprobleme in Baden-Württemberg vom 28.9.1957.

1.10.1958 durchzuführen. Der endgültige Termin des Umzugs wird noch befohlen.[171]

Wenige Wochen nach der Standortentscheidung sollte sich allerdings herausstellen, dass der Oktobertermin 1958 vielleicht nicht eingehalten werden könnte. Die in Hamburg vorhandene Infrastruktur entsprach nämlich nur sehr bedingt dem Aufgabenspektrum einer Bildungseinrichtung. Wenigstens zwei Hörsaalgebäude mit zwischen 14 und 17 Hörsälen sowie zahlreichen Geschäftszimmern mussten neu gebaut werden. Mit der späteren Eingliederung der Luftwaffenakademie wäre noch ein weiterer Lehrtrakt hinzugekommen. Augenscheinlich aufgrund des ohnehin ins Stocken geratenen Aufwuchses der Bundeswehr insgesamt und dem damit zusammenhängenden bündnispolitischen Druck sah sich der Führungsstab der Bundeswehr »trotz der erhobenen Bedenken« mit einer Verschiebung des Termins um fünf Monate nicht mit einverstanden. Um den Verlegungstermin »unbedingt« einzuhalten, sollten lange Aktenwege sowie schriftliche Bearbeitungen beim Planungsprozess auf ein Mindestmaß beschränkt werden. Somit hoffte man, nach dem Abzug der britischen Truppen aus Blankenese am 1. April 1958 mit den Bauarbeiten beginnen zu können und diese bis Ende September desselben Jahres abgeschlossen zu haben. Erst ab Frühjahr 1959 bzw. 1960 benötigte Gebäude müssten in einem späteren, zweiten Bauabschnitt hochgezogen werden.[172]

Einen weiteren Unsicherheitsfaktor hinsichtlich des Umzugstermins stellten die britischen Streitkräfte dar. Seit Ende 1956 hatte die Bundeswehr bei der British Army of the Rhine angefragt, ob nicht die Uxbridge Barracks freigegeben werden könnten. Damals überlegte man noch, die in Mannheim schlecht untergebrachte Verwaltungsschule der Bundeswehr dorthin zu verlegen. Die Briten konnten oder wollten das zu diesem Zeitpunkt aber nicht tun. In der abschlägigen Antwort der Joint Services Liaison Organisation der Rheinarmee schwingt durchaus noch ein gewisses Maß an »Besatzermentalität« mit, welche das Verhältnis zwischen Nehmer und Geber ins Licht rückt:

171 Ebd., Verfügung vom 30.10.1957.
172 Ebd., Führungsstab der Bundeswehr an Kommando Territoriale Verteidigung vom 9.12.1957.

Bei ihrer vor kurzem durchgeführten Überprüfung haben die Militärbehörden alle in Anspruch genommenen Kasernenunterkünfte daraufhin untersucht, den größtmöglichen Raum zur Benutzung durch die deutschen Streitkräfte verfügbar zu machen. Die Ihnen vor kurzem aufgrund dieser Überprüfung angebotenen Kasernen, zu denen natürlich die in der Vergangenheit freigegebenen gerechnet werden müssen, stellen alle Kasernenunterkünfte dar, die die Streitkräfte in absehbarer Zeit verfügbar machen können. Es besteht deshalb keine Möglichkeit, die Uxbridge-Kaserne für Ihre Zwecke freizumachen.[173]

Faktisch war die Liegenschaft 1956 kaum mehr zu 50 Prozent von den britischen Streitkräften belegt gewesen.[174] Generell herrschte zu diesem Zeitpunkt eine gewisse Unsicherheit über die Stationierungsabsichten bei der British Army of the Rhine. Einerseits strebte London mittelfristig zwischen 1957 bis 1962 eine Reduzierung ihrer Truppen um nahezu die Hälfte an. Für die Rheinarmee bedeutete dies ein Abschmelzen von bislang knapp 80.000 auf etwas unter 45.000 Mann. Dieser Abbau war aus Sicht der NATO-Verteidigungsplanung aber nur dann zeitlich abgestimmt zu halten, wenn sich Bonn in einem wesentlichen Umfang an der Aufbringung der Stationierungskosten beteiligte. Die Briten drohten andernfalls gar mit einem Totalabzug. Dazu kam es freilich nicht. Im Zusammenhang mit der Umgruppierung der britischen Rheinarmee und der vielleicht auch aus Kostengründen notwendigen Verringerung der Zahl westdeutscher Standorte erfolgte die Freimachung der Uxbridge Barracks dann doch ein gutes Jahr später. Obwohl die Zeit für die Bundeswehr drängte, erhielt das Verteidigungsministerium erst am 8. März 1958 die Entscheidung des Hauptquartiers der British Army of the Rhine übermittelt, dass die Reste der Uxbridge Barracks in Blankenese den deutschen Behörden übergeben werden können. Der genaue Termin solle auf örtliche Ebene vereinbart werden.[175] Tatsächlich erfolgte die Gebäudeübergabe bzw. -übernahme in drei Tranchen schon am 28. Februar sowie am 3. und 13. März 1958.

Freigabe der Liegenschaften war das eine. Aber wie verhielt es sich mit

173 BArch, BW 1/22442, Headquarters Joint Services Liasion Organisation vom 10.12.1956.
174 StAHH, 136-1_561, Übersicht Kasernenbelegung Hamburg, Februar 1956.
175 BArch, BW 1/21442.

dem Liegenschaftsgerät? Ein Vorgang, der in den Monaten vor der Übergabe durchaus zu einem ernsthaften Thema im Verteidigungsministerium emporstieg. Der zuständigen Wehrbereichsverwaltung in Kiel war bekannt geworden, dass die britischen Stationierungsstreitkräfte aus verschiedenen Hamburger Kasernen »gut erhaltenes Unterkunftsgerät entfernt und durch schlechtes ersetzt« hätten.[176] Auch sei mit dem Abtransport von medizinischem Gerät aus dem Lazarett in Hamburg-Wandsbek begonnen worden. Somit stünde zu befürchten, »dass auch das verhältnismäßig gut erhaltene Unterkunftsgerät im Offiziersheim des ehemaligen LGKdos Hamburg-Blankenese (Uxbridge-Barracks) vor der Übergabe noch entfernt wird«. Obzwar der Leiter der Liegenschaftsabteilung ausweislich einer Marginalie um die Rechtslage wusste, wonach die Stationierungsstreitkräfte nicht verpflichtet wären, Unterkunftsgerät zu übergeben, setzte er neben die Bitte der Wehrbereichsverwaltung, gegen das Entfernen von Mobilien bei den Briten zu intervenieren, ein fettes »ja«. Es ist nicht bekannt, ob eine solche Intervention erfolgt ist.

Wohl aber scheint das Offiziersheim des ehemaligen LGKdos und der jetzigen Uxbridge Barracks nicht gänzlich von vorhandenem Mobiliar entleert gewesen zu sein. Augenscheinlich war es aber von wenig ansprechender Qualität oder Ästhetik – jedenfalls nach dem Geschmack des damaligen Kommandeurs der FüAkBw. Generalmajor Hellmuth Laegeler (1902–1972) zufolge war das Offiziersheim noch 1961 mit schweren Clubmöbeln aus englischen Beständen ausgestattet. Diese hätten bewirkt, »dass die großen Räume nur von verhältnismäßig wenigen Besuchern benutzt werden können und lassen auch bei dem außerordentlichen Mangel an Reinigungskräften in Hamburg ein Sauberhalten der Räume nicht zu. Andere, architektonisch wertvolle Räume sind verhältnismäßig mit U-Gerät für Büroräume ausgestattet.«[177] Letzterer Satz mag auf den oben zitierten Möbeltransfer der Engländer hindeuten.

---

176 BArch, BW 1/21441, Wehrbereichsverwaltung I an Liegenschaftsabteilung des Verteidigungsministeriums vom 14.1.1958.

177 BArch, BW 1/82884, Vermerk über Besichtigung der FüAkBw vom 9.10.1961.

Architektonischer Bruch mit der Vergangenheit

Nun dürfte fehlendes Unterkunftsgerät kein entscheidender Treiber einer möglichen Nichteinhaltung des Umzugs der Führungsakademie von Bad Ems nach Hamburg gewesen sein. Die seit den 1940er Jahren existierenden Bauten konnten auf jeden Fall verzugslos für Bürotätigkeiten und auch als Unterkünfte genutzt werden. Für Unterrichtszwecke eigneten sich aber nur sehr bedingt. Drängend war also die Herrichtung der vorhandenen Baulichkeiten für Lehrzwecke und besonders die rasche Inangriffnahme von Unterrichtsgebäuden. Noch bevor das Gelände an den Bund übergeben wurde, hatte das Bundesministerium der Finanzen bereits Mitte Januar 1958 einen »fernmündlich Planungsauftrag« für den Neubau eines Lehrsaalgebäudes erteilt.[178] Insgesamt beliefen sich die Infrastrukturforderungen der FüAkBw Ende der 1950er Jahre auf jeweils ein Hörsaalgebäude mit Büros für Heer, Luftwaffe und Marine sowie einer Sport- und Schwimmhalle und weiteren Bauten für den Kraftfahrzeugbereich, welche im wesentlich bis Mitte der 1960er Jahre auch gebaut wurden. Weil die Unterbringung vor allem der Lehrgangsteilnehmer in den Baracken auf die Dauer nicht tragbar war und die Reparaturen an den Holzbaracken bei Weitem den Realwert überstiegen, begann man 1965 mit dem Bau eines Hochhauses als Unterkunftsgebäude. Es konnte 1967 bezogen werden.

Im Unterschied zu den ehemaligen Wehrmachtteilen verfügte die Bundeswehr über keine eigenen Militärbauabteilungen. Zuständig für den öffentlichen Hochbau in der Bundesrepublik waren die Einrichtungen des Finanzressorts, in diesem Fall das der Oberfinanzdirektion nachgeordnete Hochbauamt Hamburg. Das Neubauprogramm für die FüAkBw auf dem Gelände des ehemaligen LGKdos XI in Blankenese entsprang der Notwendigkeit, entsprechende Räumlichkeiten für Lehrzwecke zu schaffen. Gleichwohl liefern gerade diese Bauten in ihrer funktionalen Zweckmäßigkeit einen unübersehbaren Kontrast zum materialisierten Herrschaftsanspruch, den die Massivbauten des ehemaligen LGKdos erhoben und in ihrer Gestaltung zum Ausdruck gebracht haben.

Bereits in der ersten Planungsbesprechung am 17. Dezember 1957 ka-

178 BArch, BW 1/21441, Liegenschaftsabteilung des Verteidigungsministeriums an Kommando Territoriale Verteidigung vom 27.1.1958.

men die Vertreter der für diese Hochbaumaßnahmen verantwortlichen Stellen – Bundesministerium der Finanzen, Wehrbereichsverwaltung I Kiel, Oberfinanzdirektion Hamburg, Bauverwaltung Hamburg – überein, wegen der »grundsätzlichen Wichtigkeit« sich bei der Planung der Lehrsäle nicht an bestehende Barackenteile oder -fundamente zu binden. Vielmehr sollte diese Behelfsbauten allenfalls für eine Übergangszeit genutzt, ansonsten sukzessive abgerissen und durch Neubauten ersetzt werden. Vorerst sollte 14 Lehrsäle (neun Heer, drei Luftwaffe, zwei Marine) errichtet werden, ein Volumen, das späterhin erweitert wurde. Der Zeitdruck, unter dem das Unternehmen FüAkBw stand, machte jedoch Umbauten auch der Baracken zu Behelfsunterrichtsräumen bzw. Geschäftszimmern oder auch Unterkünften erforderlich, denn im Oktober 1958 sollte der Lehrbetrieb aufgenommen werden, um die dringend notwendigen Führergehilfen der Bundeswehr zur Verfügung zu stellen. Für die zweigeschossigen Neubauten sagte Baudirektor Wolfgang Rudhard von der Hamburger Baubehörde dann die »schnellste Anfertigung von verschiedenen Planungsvorschlägen in Skizzenform« zu.[179]

Bereits vier Wochen später lagen zwei Entwürfe für das Lehrsaalgebäude vor, welche bei der Liegenschaftsabteilung des Verteidigungsministeriums im Beisein auch des Kommandeurs der FüAkBw besprochen werden konnten. Gemäß dem damals zeitgemäßen Schulhausbau standen zwei Grundtypen zur Debatte, der Schuster- und der Kamm-Typ. Während beim Schuster-Typ zwei separate Fachgebäude mit einem oder mehreren Verbindungsgängen ein H in der Draufsicht ausbildeten, waren beim Kamm-Typ die Stirnseiten der Hörsäle beidseitig entlang eines Mittelgangs angeordnet. Man gab dem Kamm-Typ wegen »Klarheit in der Grundrissgestaltung und Übersichtlichkeit der gesamten Anlage den Vorzug«[180]. Für die noch in alten militärischen Gewohnheiten befangenen Offiziere brachte die Kamm-Anordnung freilich folgenden, situationsbedingten Nachteil mit sich: »Dass der Vortragende den Hörsaal (…) von rückwärts betritt, wird von militärischer Seite im Hinblick auf die Meldung der Lehrgangsteilnehmer durch den Lehrsaalältesten als Nachteil empfunden, jedoch als ›Schönheitsfehler‹ hingenommen.«[181]

179 BArch, BW 1/37999, Hochbauamt Hamburg, Aktenvermerk Bauprojekt Militärakademie im Gelände des ehem. Luftgau-Kdos. In Hamburg-Blankenese vom 17.12.1957.
180 Ebd., Vermerk betr. Lehrsäle bei der FüAkBw vom 16.1.1958.
181 Ebd.

Nicht hinzunehmen glaubte man jedoch Mitte der 1960er Jahre den abschlägigen Bescheid der Liegenschaftsabteilung im Verteidigungsministerium, der FüAkBw beim Neubau der Sporthalle keine Räumlichkeiten für das Training im modernen Fünfkampf zu genehmigen:

> *Räume zum Training für den modernen Fünfkampf sind bei der Akademie nicht erforderlich. Die Zentren für die Vorbereitung zum modernen Fünfkampf, der aus Geländeritt, Degenfechten, Pistolenschießen, 300 m Freistilschwimmen, 4000 m Geländelauf besteht, sind die Offizierschulen. Wenn zur Akademie kommandierte Offiziere am modernen Fünfkampf teilnehmen wollen, was wegen des vorgerückten Alters dieser Offiziere kaum in Frage kommen dürfte, dann müssen sie bei der HOS in Hamburg trainieren. In der Akademie kann also der Raum für Degenfechten und auch der Raum für Boxen entfallen.*[182]

In Hamburg ließ man sich zwar auf das Altersargument nicht ein, wiewohl man die ablehnende Begründung insgesamt für nicht stichhaltig hielt. Mit – in gewisser Weise schon etwas antiquiert-traditionellen und vielleicht auch an den Haaren herbeigezogenen – militärischen und sozialen Argumenten versuchte man, die Liegenschaftsverwaltung wenigsten dazu zu bringen, die Streichung dieser beiden Übungsräume zu überprüfen.

> *Gerade auf die Sportarten, die in besonderem Maße Entschlusskraft, Reaktionsfähigkeit und Gewandtheit erfordern, muss bei der Sportausbildung an der Führungsakademie Wert gelegt werden. Dazu zählen u. a. Fechten und Boxen. Es ist außerdem notwendig, den Lehrgangsteilnehmern als Ausgleich für die konzentrierte geistige Arbeit eine breite Auswahlmöglichkeit unter verschiedenen Sportarten zu bieten. In diesem Zusammenhang wird auf die Erfahrungen der entsprechenden amerikanischen Einrichtungen verwiesen.*[183]

Auch wenn die Demarche in diesem Fall ergebnislos blieb und die Sporthalle der FüAkBw keine Fecht- und Boxräume bekam, so gibt dieser im Grun-

182 BArch, BW 1/162706, Vermerk der Liegenschaftsabteilung BMVg vom 27.5.1964.
183 Ebd., FüAkBw an Liegenschaftsabteilung BMVg vom 28.8.1964.

de relativ nebensächliche Vorgang einmal mehr den Blick frei auf traditionellere militärische Denkmuster wie auch zeitbedingte Vorstellungswelten und Verhaltensweisen. Diejenigen, denen in den 1960er Jahren zumindest die Fechtkunst eines Offiziers noch wichtig erschien, hätten sich kaum vorstellen können, dass Jahrzehnte später am Beginn des 21. Jahrhunderts dem gesellschaftlichen Trend folgend u. a. eine Art Fitnessstudio mit modernsten Sportgerätemaschinen den körperlichen wie sozialen Bedürfnissen der Lehrgangsteilnehmer entschieden mehr entspricht als der Kampfsport mit Degen, Säbel oder Florett.

Inwieweit die Neubauten der Führungsakademie aus den 1950/60er Jahren – am 22. September 1958 fand der erste Spatenstich für die beiden Hörsaalgebäude statt – mit ihren extrem flach geneigten Giebeldächern, ihrer zudem betonsichtigen Rasterarchitektur, den Fassadenfliesen in pastosen Farben und breiten Glasfenstern allseits auf Akzeptanz stießen, wissen wir nicht. Tatsächlich weisen die seit den 1950er und bis in das beginnende 21. Jahrhundert errichteten Hörsaal- und Unterkunftsgebäude auf dem Gelände der FüAkBw eine nicht zu übersehende Gegensätzlichkeit zu denjenigen der ersten militärischen Bauphase in den späten 1930er und frühen 1940er Jahren auf. Nicht mehr im »Heimatstil«, sondern in einer gewissen Anlehnung an den »International Style« wurde gebaut. Die sichtbare Antithese war gewollt. Die generelle Praxis im öffentlichen Hochbau der Nachkriegszeit, sich von Neoklassizismus und Heimatstil radikal zu lösen und sich der Moderne zuzuwenden, ist auch in der FüAkBw markant umgesetzt worden.

Angelehnt an die Gestaltungsideen der von den Nationalsozialisten verfemten Architekturmoderne der 1920er und frühen 1930er Jahren brachen die nicht mehr axialsymmetrisch und in reduzierter Formensprache aufgeführten Lehrsaalgebäude von Heer, Marine (beide 1959) und Luftwaffe (1961) mit dem hierarchischen Herrschaftsanspruch des Dienstgebäudes des LGKdos. Gleichwohl ist auch diesen Gebäuden bei aller oder gerade wegen ihrer bestimmenden Funktionalität ein bauideologischer Gestaltungswille inhärent, folgend einem offenen, demokratischen Ideal, wie es die architekturhistorische Forschung für diese Epoche in der Geschichte der Bundesrepublik herausgearbeitet hat. Die materialisierte Absage an das Hierarchische zugunsten einer gewissen sachlichen Leichtigkeit mag bei manchem Nutzer mit Jahrzehnte zurückreichender militärischer Vergan-

Ansichten vom Richtfest und vom Modell für die Neubauten der FüAkBw

genheit unter Umständen mehr als nur Verwunderung, vielleicht gar Ablehnung hervorgerufen haben. Dabei entsprach dies durchaus der modernen Führungsphilosophie der Inneren Führung, mit der sich die Bundeswehr bei aller personalen Kontinuität zu ihren deutschen Vorgängerarmeen zutiefst von diesen unterschied, mehr noch abgrenzte.

Ganz generell erhoben die Vertreter der Inneren Führung auch Forderungen nach neuen Formen des Zusammenlebens. Weil demzufolge neue

Liegenschaften grundsätzlich dem Bild des neuen Soldaten in seiner Eigenschaft als Staatsbürger in Uniform entsprechen sollten, plädierte man für offene und leichte, in gewissem Sinn durchlässige Bauweise. Den Abgeordneten des Deutschen Bundestages erläuterten Vertreter des Referats Innere Führung im Bundesministerium der Verteidigung diese aus erzieherischen Gründen geschöpfte grundsätzliche Projektion wie folgt: »Nicht die Kaserne, deren Vorbild schon äußerlich der alte autoritäre Kasernenstaat war und in die der Mensch hineingepfropft wurde (stehe) im Vordergrund, sondern eine Kaserne, die um den Menschen herumgebaut worden ist.«[184]

Zudem entsprach die der Moderne zugewandte Architektur für die Neubauten der Bundeswehr ganz den politischen Leitlinien des Verteidigungsministeriums. Verteidigungsminister Franz-Josef Strauß verband markant die kulturellen Dimensionen der Gegenwartsarchitektur mit den sozialen Zuständen der Gegenwart sowie mit den Soldatentugenden in seinem Vorwort zu »Bauten der Bundeswehr« in der Zeitschrift für behördliches Bauwesen:

> *Unsere Truppenunterkünfte sollen deshalb moderne – aber nicht modische – Anlagen sein. Ihre Architektur muss ein Spiegelbild unserer Zeit und ihres Lebensgefühls sein. Diese kulturelle Aufgabe kann nicht durch Reminiszenzen, Repräsentation, Monumentalität oder Pathos erfüllt werden, sondern sie soll von Sachlichkeit, Klarheit und Aufrichtigkeit zeugen – von einem Geist, der immer zu den besten Tugenden des Soldaten gehört.*[185]

Als am 28. Oktober 1958 die FüAkBw nach etwas mehr als einjähriger Zeit im Provisorium der ehemaligen Gendarmeriekaserne in Bad Ems den Lehrbetrieb an ihrem endgültigen Standort in Hamburg aufnahm, stand von den neuen Gebäuden jedoch noch nichts. Die schon existierenden Bauten waren lediglich hergerichtet worden und die Gesamtanlage dem Bundesminister für Verteidigung bzw. dem Nutzer Führungsakademie übergeben. Für die Neubauten legte man an diesem Tag in Anwesenheit von Bürgermeister Max Brauer (1887–1973), Verteidigungsminister Franz Josef Strauß

184 Zit. n. Schmidt, Integration und Wandel, S. 287–288.
185 Die Bauverwaltung. Zeitschrift für behördliches Bauwesen, 9. Jg. H. 8, August 1960, S. 311.

und Generalinspekteur Adolf Heusinger erst den Grundstein. Die dazu angefertigte Urkunde verzeichnete u. a. folgende Bestimmung:

> *Die Neubauten werden nach den Entwürfen des Hochbauamtes errichtet. Im Auftrage des Bundesministers für Verteidigung liegt die Bauleitung in Händen der Baubehörde der Freien und Hansestadt Hamburg. Die neuen Bauten sind als Lehrsaalgebäude für die Führungsakademie der Bundeswehr bestimmt. Sie sollen der Ausbildung von Offizieren des Heeres, der Luftwaffe und der Marine für den Generalstabs- und Admiralstabsdienst dienen.*[186]

Im Nachgang der um 10 Uhr am Vormittag des 28. Oktober 1958 stattgefundenen Grundsteinlegung beehrte sich der Erste Bürgermeister der Freien und Hansestadt Hamburg Verteidigungsminister Strauß sowie weitere Gäste aus dem Kreis der Bundeswehr um die Mittagszeit zu einem Empfang in den Kaisersaal des Rathauses einzuladen. Dem Anlass sowie der Tages- und Jahreszeit angemessen entsprach auch die Speisenfolge: Hummersuppe, Hasenbraten mit Pfifferlingen und Rotkohl, Olivenkartoffeln, Savarin mit Rumkirschen, Rheinwein, Burgunder, Mokka, Sherry, Zigarren, Zigaretten.[187]

Neue Elemente der Generalstabsausbildung

Obwohl der 28. Oktober 1958 für die Ausbildung von Offizieren der Bundeswehr im Generalstabsdienst rein administrativ eigentlich nur die Verlegung vom bisherigen Standort darstellte, kommt diesem Tag nicht nur in der Rückschau eine doch erheblich größere Bedeutung zu. Einmal deshalb, weil damals tatsächlich die Generalstabsausbildung in Hamburg begann. Zum anderen war dieses Ereignis auch deshalb von besonderem Gewicht wegen der durchaus auch politischen Projektionen, die man der FüAkBw bzw. den hier Lehrenden und Lernenden schon in der Grundsteinurkunde und dann besonders in den verschiedenen Adressen und Reden mit auf den

186 StAHH, 131-1 II_4292.
187 Ebd., Aktenvermerk.

Weg gab: »Möge der in weltweiten Beziehungen stehende aufgeschlossene Geist befruchtend auf die Ausbildung des Offizierskorps der Bundeswehr wirken und diese Stätte dem Nutzen der Bundesrepublik dienen.« Solches wünschte und erhoffte sich die Freie und Hansestadt, verzeichnet in der dem Grundstein des ersten Lehrsaalgebäudes beigelegten Urkunde. Der Erste Bürgermeister Max Brauer drückte in seiner Ansprache seine Genugtuung darüber aus, dass sich die Akademie »sehr gut in den bei uns schon vorhandenen Kreis geistiger Zentren einfügen« werde.[188] Dem während der NS-Zeit ins Exil gezwungenen SPD-Politikers war es aber auch ein Bedürfnis, der Akademie ein gerüttelt Maß an Toleranz ins Stammbuch zu schreiben. Wie er es tat, war taktvoll und angemessen:

> *In Ihrer Akademie sind die Wissensgebiete, die gelehrt werden, weit gespannt, sie reichen von den Natur- bis zu den Geisteswissenschaften. Ich möchte wünschen, dass aus der Vielgestaltigkeit des deutschen Geisteslebens auch die verschiedenen Auffassungen hier immer wieder zu Worte kommen.*

Der Kern seiner Rede ging jedoch weit über den eigentlichen Anlass der Akademieeröffnung hinaus. Er legte ein politisches Statement ab, das bei aller grundsätzlichen Zustimmung seiner Partei zur Bewaffnung der Bundesrepublik die damaligen politischen Kontroversen um das Wie der Ausgestaltung zwischen Regierung und Opposition nicht unter den Teppich kehrte – gerade im Beisein des CSU-Verteidigungsministers Franz-Josef Strauß:

> *Unser demokratischer Staat ist nach dem 2. Weltkrieg noch in der Entwicklung begriffen. Die Sicherung und Festigung der Demokratie ist eine Aufgabe, die alle Deutschen angeht. Die Bundeswehr ist berufen, in diesem Bemühen zu helfen. Ich möchte hier in aller Deutlichkeit aussprechen, dass das deutsche Volk – wie jedes andere – das Recht auf Selbstverteidigung hat. Über das Wie mögen wir verschiedener Auffassung sein. Aber selbstverständlich sollte für uns alle die Bejahung dieses*

188 StAHH, 131-1 II_4292.

Rechts bleiben. In einem demokratischen Staat sind alle Bürger gleichberechtigt. Jetzt gilt nicht mehr das Wort aus der Vergangenheit, dass das Heer über dem Volk steht. Es ist ein Teil des Volkes. Es wird bei der Errichtung von Bildungsinstituten oft davon gesprochen, in welchem Geist sie geführt werden sollen. Ich bin überzeugt davon, dass alle unter uns, die zum großen Teil die Schrecken zweier Weltkriege erlebt haben, weit davon entfernt sind, den Krieg zu glorifizieren. Wir müssen, wo immer wir auch tätig sind, der Welt sagen, dass unser Ziel die Sicherung des Friedens ist, denn wir wissen ja zu genau, welche Schrecken mit einem Krieg verbunden sind.

Dass Brauer seinen in der damaligen auf die innen-, außen- und auch streitkräftepolitische Lage bezogenen Appell nicht allein an die Anwesenden bei der Grundsteinlegung adressierte, sondern damit auch innerhalb seiner damals noch sehr militärkritischen Partei nach Resonanz suchte, wurde zwei Tage später deutlich. Der Persönliche Referent des Bürgermeisters übermittelte der SPD-Zeitung »Vorwärts« die Rede und schrieb dazu: »Der Bürgermeister ist der Ansicht, dass Sie diese Rede wegen der immer noch anhaltenden Diskussionen über die Bundeswehr im Wortlaut interessieren dürfte.«[189]

Während sich Brauer in starkem Maße auf die politische Gegenwart konzentriert hatte, griff der Generalinspekteur der Bundeswehr, Adolf Heusinger, zunächst sehr viel weiter in den historischen Raum zurück. Und zwar absichtsvoll durchaus im Sinne einer Kontinuitäts- und Traditionskonstruktion zu den deutschen Vorgängerarmeen der Bundeswehr im 20. Jahrhundert, denen er selbst angehört, in denen er seine Generalstabsausbildung erfahren und in denen er auch als Leiter der Operationsabteilung beim Chef des Generalstabes im Oberkommando des Heeres von 1940 bis 1944 als Funktionär des nationalsozialistischen Krieges gewirkt hatte. Er begann seine Adresse mit der Symbolik der beiden Standorte Bad Ems und Hamburg. Indem er auf das in der Nähe von Bad Ems gelegene Stammschloss des Freiherrn Heinrich vom Stein hinwies, jenem wichtigen Staatsmann in der kurzen Zeit der preußischen Reformen zu Beginn des 19.

189 StAA Hamburg, 131-1 II_4292, Bürgermeister Max Brauer – Persönlicher Referent an die Redaktion Neuer Vorwärts-Verlag vom 30.10.1958.

Jahrhunderts, reklamierte er dies als wichtige Bezugsgröße für den eigene Neuanfang, unter dem die Bundeswehr 1955 angetreten war:

Auch wir mussten nach dem Zusammenbruch des Zweiten Weltkrieges neu beginnen. Sie wissen, dass wir uns dabei in der ideellen Grundlegung auf das geistige Erbe der Reformer, in unserem militärischen Bereich vor allem auf Scharnhorst, gestützt haben.[190]

Hamburg hingegen stand für »Weltoffenheit in glücklicher Verbindung mit konservativem Denken (...), eine Geisteshaltung, die auch für die Arbeit an der Akademie beispielhaft sein möge«. Dem vielleicht auch als kleine Reverenz an beide Akademiestandorte zu verstehenden Beginn folgten Ausführungen, in denen Heusinger seine Vorstellungen der zukünftigen Generalstabsausbildung entfaltete. Sie entsprangen sowohl seinen Erfahrungen der kaum koordinierten Kriegführung der Wehrmachtteile im Zweiten Weltkrieg als auch seiner Einsicht in die Komplexität sicherheitspolitischer Prozesse des Kalten Krieges:

Es liegt mir heute daran, über das für diese Akademie entscheidende Thema zu sprechen: über die Notwendigkeit des wehrmachtmäßigen Denkens und der Zusammenarbeit der Teilstreitkräfte innerhalb der Bundeswehr, wie auch im größeren Rahmen der westlichen Verteidigungsgemeinschaft.

Die Stoßrichtung seiner nachfolgenden Aufzählung kriegsgeschichtlicher Beispiele – zumeist militärische Fehlschläge aufgrund mangelnder Kooperation der Waffengattungen – und Hinweise auf die mangelhafte gemeinsame Ausbildung an den Kriegsakademien der Wehrmacht zielte ziemlich deutlich auf Uneinsichtigkeit der Teilstreitkräfte der Bundeswehr, sich über gemeinschaftliche Ausbildungsinhalte und -ziele ihrer Offiziere zu verständigen. Trotz augenscheinlicher Notwendigkeit bei der schwierigen Gemengelage auf sicherheits- und militärpolitischem Terrain konnten sich diese nämlich bislang nicht darauf einigen. Lediglich zum gemeinsamen Aus-

190 BArch, BW 1/851, Rede des Generalinspekteurs der Bundeswehr, General Heusinger, gehalten am 28.10.1958 an der FüAkBw in Hamburg.

bildungsort Hamburg hatte man sich am Ende durchringen können, bei gleichzeitig bestehendem Eigenleben in der Ausbildung selbst. Heusinger ließ die Anwesenden nicht im Unklaren darüber, dass der Wunsch nach einer gemeinsamen Generalstabsausbildung im Grunde genommen so neu gar nicht war. Er erinnerte an die 125-Jahr-Feier der Kriegsakademie im Oktober 1935 in Berlin. Freilich unter dem Diktum nationalsozialistischer Kriegspolitik war damals gefordert worden:

Man darf aber den ›einzelnen Gegenstand‹ – das Heer – nicht ohne ›das Ganze‹ – die Wehrmacht betrachten. Alle Teile der Wehrmacht müssen aufeinander abgestimmt sein, um eine harmonische Gesamtleistung zu ergeben. (…) Das setzt wechselseitige Kenntnis, gegenseitiges Verständnis und Zurückstellen von Sonderinteressen der einzelnen Wehrmachtteile voraus. (…) Die Wehrmachtakademie, zusammengesetzt aus Führergehilfen der drei Wehrmachtteile, beauftragt mit dem Studium der großen Fragen der Gesamtkriegführung, ist die Frucht dieser Erkenntnis.

Diese Frucht war nach nur drei Jahren 1938 bereits wieder vertrocknet. Zu keinem Zeitpunkt war der Wehrmacht eine einheitliche Kriegführung gelungen. Mangels strategischen Konzepts führten die Wehrmachtteile jeweils ihren eigenen Krieg mit eigenen Generalstäben und bildeten ihren Nachwuchs unkoordiniert an ihren Kriegsakademien aus. Auch wenn der Rekurs auf die Wehrmachtakademie aus sachlogisch-militärischen Erwägungen und eigenem Erleben des Protagonisten überzeugend schien und dabei überzeitliche Notwendigkeiten angesprochen wurden, so konnte und – vermutlich – wollte Heusinger hier aber nicht am politischen Dispositiv der Bundeswehr vorbeigehen:

Die Offiziere, die die Bundeswehr auf die Führungsakademie entsendet, müssen Träger des geistigen Prinzips sein, auf dem unsere Bundeswehr und die atlantische Gemeinschaft beruhen: Die Idee der freiheitlichen Lebensordnung des Westens, zu deren Bewahrung wir in der NATO zusammenarbeiten. Wir können hier zwar anknüpfen an die Kontinuität der deutschen Generalstabsausbildung, an die überlieferten Werte der

Persönlichkeitsbildung, wie sie nun bald seit 150 Jahren auf deutschen Kriegsakademien vermittelt worden sind. Aber sie bedürfen in unserem Zeitalter und angesichts der völlig neuen Situation, in der wir seit 1945 stehen, einer außerordentlichen Erweiterung im Ideellen und Materiellen.

Aus heutiger Sicht mag das Beschwören überlieferter Werte der Persönlichkeitsbildung im Lichte der gewaltsamen Tatereignisse, bei denen auch deutsche Generalstabsoffiziere im Zweiten Weltkrieg einen erheblichen Anteil hatten, eher befremdlich klingen.[191] Die militärische Altelite, die bei der Einweihung der FüAkBw in Hamburg zugegen war, verstand sich biographisch selbstredend als Teil dieser Kontinuitätskonstruktion, wichtig auch für das eigene Selbstbild. Heusingers Projektionen einer neuartigen deutschen Generalstabsausbildung stießen jedoch vor Ort in Hamburg rasch an ihre Grenzen, geschuldet einer gewissen Notwendigkeit zur Improvisation bei den Ausbildungsinhalten, aber auch bedingt durch das Festhalten am Primat der Taktik durch den ersten Akademiekommandeur Heinz Gaedcke.[192]

Wenigstens die Forderung nach der geistigen Durchdringung der politisch, gesellschaftlich und ökonomisch komplexen Gemengelage, innerhalb derer sich militärisches Handeln spätestens ab jener Zeit bewegte, stand und steht den an der FüAkBw Lehrenden wie den Auszubildenden von Beginn an auch optisch vor Augen. Obwohl bislang die graphische Genesis nicht genau belegt werden kann, führt die FüAkBw seit 1957 ein Wappen, auf welchem ein geflügelter Adler eine Art Banner mit drei nach oben weisenden Pfeilen und folgender Devise in den Klauen hält: »Mens agitat molem.« Die Worte stammen aus der Aeneis des römischen Dichters Publius Vergilius Maro (70 vor bis 19 nach Christus) und bedeuten in der landläufigen deutschen Übersetzung, dass der Geist die Materie bewegen mögen. Allerdings besitzt die FüAkBw keineswegs einen Exklusivanspruch auf diese

191 Vgl. Wolfram Wette, Fall 12. Der OKW-Prozeß, in: Gerd R. Ueberschär (Hrsg.): Der Nationalsozialismus vor Gericht, Frankfurt a. M. 1999. Siehe auch die Ausführungen des alliierten Nürnberger Kriegsverbrecherprozesses zum Generalstab und zum Oberkommando der Wehrmacht in: Der Prozess gegen die Hauptkriegsverbrecher vor dem Internationalen Gerichtshof Nürnberg, Bd. 1, Nürnberg 1947 S. 311–314.

192 Detailliert zur Ausbildungsproblematik in den ersten Jahren Reinhardt, Generalstabsausbildung in der Bundeswehr. Zu Heusingers Bewertung der Ausbildung in Hamburg vgl. Meyer, Adolf Heusinger, S. 620–628.

Devise, wurde und wird sie doch national wie international von zahlreichen Einrichtungen genutzt, zumeist aus dem Bildungsbereich.

Innerhalb der deutschen Militärgeschichte taucht die Wortfolge beispielsweise sehr passend 1874 in einem Artikel der Neuen militärischen Blätter zum Thema »Praxis und Theorie, Krieger und Bücher gehören in engen Verein. Eine Bücherschau« auf. Dort resümiert der anonyme Autor unter Verweis auch auf antike Kriegstheoretiker, »dass Waffenerfolge nicht ausschließlich eine Sache des Muths und des Glücks seien, sondern eine auf wissenschaftlicher Basis ruhende Angelegenheit, die mit der größten Sorgfalt sudirt (sic!) zu werden verdiene.«[193] Weiterhin gibt es Hinweise darauf, dass der Spruch über einem Portal des preußischen Kriegsministeriums in Berlin (Leipziger Straße) oder am Gebäude des Großen Generalstabes (Königsplatz 6, heute Platz der Republik) angebracht gewesen sein soll.[194] Zeitgleich zur Entstehung der FüAkBw wurde in der Bundesrepublik heftig über die atomare Bewaffnung der Bundeswehr gestritten. Im Rahmen einer sehr emotionalen Debatte im Deutschen Bundestag führte der damalige Vorsitzende der FDP, Erich Mende (1916–1998), im Hinblick auf die durch die technischen Determinanten der Nuklearwaffen einhergehende qualitative Veränderung eines Krieges aus:

> *Der Krieg ist nicht mehr die Fortsetzung der Politik mit anderen Mitteln. Diese neuen Waffen haben den Krieg nicht quantitativ, sondern qualitativ verändert. Der Mensch ist von der Materie übermannt, und es muss gelingen, dass sein Geist wieder Herr über die Materie wird. Ideen bewegen die Welt.*[195]

Die unbekannten Promotoren der Devise »Mens agitat molem« auf dem Wappen der FüAkBw bewegten sich also offensichtlich innerhalb eines seit Langem von einem Teil des deutschen militärischen Milieus tradierten Bildungskanons. Zweifellos stand ihnen eine Führungsakademie ganz im Sinne des ganzheitlichen, humboldtschen Bildungsideals vor Augen, im Cha-

193 Neue militärische Blätter, V. Band, zweites Semester 1874, Berlin 1874, S. 469.

194 Günter Schroiff, Der Deutsche im Schatten des Holocaust, 2004, S. 30.

195 2. Deutscher Bundestag, 209. Sitzung. Bonn, Freitag, den 10.5.1957, S. 12109 (http://dip21.bundestag.de/dip21/btp/02/02209.pdf; Zugriff am 17.6.2020).

rakter gleichgestellt einer Universität und historisch bezogen auf das Ideal der preußischen Kriegsakademie am Beginn des 19. Jahrhunderts. Gleichwohl sollte es noch Jahrzehnte dauern, bis die FüAkBw bei ihrer Ausbildung der Offiziere zum Generalstabsdienst diesem Anspruch gerecht zu werden begann.

Der Streit gemeinsamer oder stärker teilstreitkraftgebundener Ausbildung sowie das Gewichten militärfachlicher Ausbildung versus wissenschaftlicher Bildung durchzieht die Geschichte der FüAkBw in an- und absteigenden Wellen fast bis heute. Adolf Heusinger, der stärkste Befürworter eines wissenschaftlichen Bildungsschwerpunkts, musste sich beispielsweise in der Rückschau Anfang der 1970er Jahre eingestehen, dass er mit seiner Zielprojektion einer umfassenden, wissenschaftlich fundierten Generalstabsausbildung gescheitert sei.[196] Nach mehrfachen Reformansätzen ab 1974 verlangte letztlich erst die Varianzbreite komplexer Risiken und Bedrohungen nach dem Kalten Krieg am Ende des 20. und zu Beginn des 21. Jahrhunderts eine vermehrte intellektuelle Beweglichkeit im sicherheits- wie gesellschaftspolitischen und strategischen Denken.

Auch wenn die FüAkBw zumindest strukturell seit 2004 in ihrem streitkräftegemeinsamen Generalstabs-/Admiralstabslehrgang (LGAN) diesem Umstand Rechnung zu tragen versucht, ringt man weiterhin im Rahmen der Kompetenzbefähigungen zukünftiger Offiziere im Generalstabsdienst der Bundeswehr um das Austarieren wissenschaftlicher Bildungsinhalte gegenüber der militärfachlichen Ausbildung.

Künstlerische Gestaltung des Neubeginns

Das von den militärischen Gründern der Bundeswehr aufgrund deren Biographie für die FüAkBw gesetzte Spannungsverhältnis zwischen dem Fortsetzen althergebrachter und modernisierter Elemente in der Generalstabsausbildung ist in der Liegenschaft der heutigen Clausewitz-Kaserne auf vielfältige Weise gleichsam sinnlich zu erfahren. Dabei spielten und spielen auch hier politisch-ideologische Determinanten eine gewisse Rolle.

196 Meyer, Adolf Heusinger, S. 616.

Besonders markant zeigte sich eine Facette der ideologisch-politischen Intention zumindest der frühen Bundeswehr darin, dass man vermutlich sofort nach Aufnahme des Lehrbetriebes die Straßen und Plätze der Liegenschaft in Blankenese folgendermaßen benannte: Königsberger Straße, Breslauer Straße, Leipziger Straße, Chemnitzer Straße, Weimarer Straße sowie Berliner Platz zwischen den Flügelbauten am Haupttor der Manteuffelstraße und Bonner Platz vor dem heutigen Stabsgebäude. Die Intention der auch in anderen Liegenschaften der Bundeswehr und ebenso in Kommunen mit einem hohen Vertriebenenanteil zu beobachtende Praxis lag für die damalige Zeit auf der Hand. Es war Bestandteil einer nicht nur streitkräfteinternen Erinnerungspolitik, die darauf abzielte, an die Überwindung der deutschen Teilung zu appellieren oder diese wenigstens nicht vergessen zu lassen. Ob und wie diese Straßennahmen den Angehörigen der FüAkBw tatsächlich als bewusstseinsfördernde Inspiration dienten oder vielleicht gar als Impuls zum Revisionismus des politischen Status Quo verstanden wurden, ist bislang nicht bekannt. Bis in die späten 1990er Jahre wurden die Straßen so bezeichnet. Dem Vernehmen nach aufgrund rechtsextremer Umtriebe in der Bundeswehr verfügte der damalige Kommandeur der FüAkBw die Tilgung der möglicherweise als skandalträchtig zu empfindenden Straßennamen.

Der Spannungsbogen zwischen Tradition und zeitgemäßer Moderne im Sinne geistiger Zurüstung mit politisch-ideologischer Grundierung war und ist auf dem Gelände der FüAkBw auch über die sogenannte Kunst am und im Bau erfahrbar. Aufbauend auf Überlegungen zu staatlichen Beschäftigungsprogrammen für Künstler in der Weimarer Republik war dies 1934 als Zeichen sozial- und kulturpolitischen Engagements des NS-Staates gesetzlich verankert worden. Von der bundesdeutschen Gesetzgebung aus sozialen Erwägungen 1950 erneuert, sollte ein angemessener Betrag der Bauauftragssumme öffentlicher Gebäude für Werke bildender Künstler ausgegeben werden. Zwar zierten das Dienstgebäude des LGKdos XI außen keine steinernen neoklassizistischen Reliefs wie etwa bei den vergleichbaren Anlagen in Dresden oder München, die mit ihren weitgehend militärischen Sujets einer nationalsozialistischen Ästhetik folgten und ideologieadäquate kriegerische Vorbilder beschworen. Lediglich vier Reliefs mit antikisierenden Kriegerdarstellungen im Foyer des Offiziekasinos erfüllten in Hamburg-Blankenese diesen Zweck.

Über die Abkehr vom »Heldenkitsch« war man sich im Verteidigungsministerium zwar einig, wohl auch deshalb, weil die innerhalb des Rechtsrahmens der Bundesrepublik verankerte Bundeswehr selbstverständlich auch den öffentlichen Regularien staatlicher Auftragsvergaben in Kunstangelegenheiten zu entsprechen hatte. Hinzu kam aber, dass auch bei diesem auf den ersten Blick scheinbar unwesentlichen Detail von Kunst am Bau die grundsätzliche Suche nach dem Neuen vor der unseligen militärischen Vergangenheit die entscheidende Marschzahl für die Bundeswehr vorgab – vielleicht auch gesetzt als Signal für eine militärkritische Öffentlichkeit. Jedenfalls wurden über diesbezügliche Überlegungen für das gesamte Kunst-am-Bau-Programm der Bundeswehr-Neubauten 1959 im Verteidigungsministerium medial so berichtet:

> *Immerhin kann man sagen, dass eine große Zahl – vielleicht die meisten – der Raumkunstexperten einer unmittelbaren Darstellung des Soldatenlebens mit heilsamer Vorsicht gegenübersteht. Stattdessen empfiehlt man lieber eine Ausweitung der Themenwahl auf allgemeine Lebensbereiche. Das entspreche der modernen Auffassung vom Soldaten umso mehr, als dieser ja kein Fremdkörper innerhalb des Volkes sei, sondern Bürger unter Bürgern. Sein Verteidigungsauftrag erstrecke sich auf alle jene Lebenswerte, die auch für den Zivilisten schützenswert seien. Aus dieser Sicht öffnet sich für die Motivwahl ein weites Feld. ›Warum nicht statt Kanonen Kornfelder, statt Sturmgeschützen Städtebilder?‹ hieß es im Ministerium. Nicht die Mittel, sondern die Zwecke der Verteidigung sind darstellungswürdig; nicht das ›Womit‹, sondern das ›Wofür‹!*[197]

Unterhalb der Ebene Verteidigungsministerium wurde die Frage nach der künstlerischen Ausgestaltung militärischer Anlagen jedoch etwas kontroverser betrachtet und lief augenscheinlich auch entlang der damaligen markanten Trennlinie von sogenannten Traditionalisten und Modernisieren in den bundesdeutschen Streitkräften. Anhand des Protokolls einer Arbeitstagung über diesbezügliche Fragen aus dem Jahr 1958 können die unterschiedlichen Sichtweisen exemplarisch erläutert werden.

197 Zit. n. Schmidt, Integration und Wandel, S. 301–302.

Ein augenscheinlich sehr traditionell und in konservativen politischen Mustern der Zeit denkender Vertreter des Wehrbereichskommandos 2 (Hannover) war der Auffassung, dass in Kasernen als »militärische Heimat des Soldaten« nur folgende Themen dargestellt werden sollten: »Wehrgedanke und Waffenstolz; Volk und Kultur, die es zu schützen gilt; Wiedervereinigung und Ostgedanke.« Mehr noch solle die künstlerische Gestaltung »den Soldaten ansprechen, gleichgültig, was dargestellt ist. Nicht nur abstrakt, weil dies etwa der jungen Generation genehm ist; Frage muss auch aus der Kdr.- und Kp.Chef-Ebene gesehen werden.«[198] Demgegenüber fragte ein Vertreter des niedersächsischen Ministeriums der Finanzen an, an wen sich bildliche Darstellungen denn wenden sollten: »An die Jahrgänge, die Soldat werden, oder an uns Ältere?« Er plädierte für die erstgenannte Zielgruppe.

Der mit den Spektren der Inneren Führung im Führungsstab der Bundeswehr befasste Abgesandte erinnerte daran, dass dem Soldaten bewusst gemacht werden müsse, Freiheit, Recht und Menschenwürde zu verteidigen. Somit gelte es, das demokratische Bewusstsein zu stärken und die freiheitlich-westliche Lebensauffassung zum Ausdruck zu bringen. Daher böten sich Themen wie »der Schutzgedanke, die Lebensbereiche und kulturellen Werte, die es zu verteidigen gilt (und) die Verbundenheit des Soldaten mit allen Teilen unseres Volkes und mit den freien Völkern des Westens« zur künstlerischen Bearbeitung an. Mit etwas Pathos hielt man im Verlauf der Diskussion die künstlerische Qualität für das Entscheidende, die »unabhängig, ob gegenständlich oder abstrakt, Ewigkeitswert besitzt«.

Während in zahlreichen Kasernenneubauten der Bundeswehr in den 1950er bis 1970er Jahren demzufolge eine erkleckliche Anzahl »ziviler« Motive vornehmlich in Stein oder Metall bzw. in farbigen Wandgemälden zur Ausführung gelangten, bewegte sich das Motivspektrum in der Anfangszeit der FüAkBw doch in einem eher etwas traditionellen, konservativen Rahmen – mehr den spezifischen militärischen Auftrag im Blick haltend. Nach dem Kunst-am-Bau-Gesetz und den genehmigten Bauanträgen stand 1959 wegen der besonderen Bedeutung der FüAkBw in Höhe von 50.000 DM eine erkleckliche Summe für die künstlerische Ausgestaltung zur Verfügung. Dafür sollte nach den Vorstellungen des Akademiekommandeurs

198 BArch, BW 2/32126, Protokoll vom 29.11.1958.

Gaedcke u. a. eine Büste des Generalfeldmarschalls Helmuth von Moltke (1800–1891) beschafft werden, augenscheinlich deshalb, weil mit diesem preußischen Offizier die Tradition des deutschen Generalstabs versinnbildlicht werden konnte. Der zweite Wunsch nach einer Büste des Admirals Reinhard Scheer (1863–1928) hing unzweideutig mit dessen Kommando der deutschen Hochseeflotte während der Seeschlacht im Skagerak 1916 zusammen, damals als deutscher Sieg interpretiert. Während die Vergabe an zwei Hamburger Bildhauer schon in der Vorbereitung waren, tat man sich bei einer beabsichtigten Freiplastik etwas schwerer:

> *Gedacht ist u. U. an eine Ausführung in Bronze oder Naturstein. Als Standort erscheint der Platz vor dem Haupteingang des Neubaus Heer geeignet. Über das Thema bestehen noch keine bestimmten Vorstellungen. Denkbar sind sowohl eine menschschliche Figur, ein Tier in Abwehrstellung oder dergl.*[199]

Im Sommer 1960 lagen nach einem Wettbewerb schließlich drei Gipsmodelle von drei Künstlern vor. Der Kölner Professor Joseph Jaekel (1907–1985) hatte einen »Sitzenden Jüngling« entworfen, deren Ausführung in getriebenem Kupfer oder als Bronzeguss angedacht war. Kosten: 26.000 DM. Von Karl August Ohrt (1902–1993) aus Hamburg kam der Vorschlag »Das Gespräch« zweier sitzend diskutierender männlicher Figuren, als Bronze 45.000 DM. Unter dem Titel »Die Führung« reichte der ebenfalls als Hamburg stammende, bedeutende regionale Tier- und Porträtbildhauer Hans Ruwoldt (1891–1969) eine 1,80 m breite und 2,50 m hohe Gruppe ein, die eine männliche Figur mit Pferd an der Hand darstellte. Kosten: 48.000 DM.

Schon der Blick auf die erhalten gebliebenen Fotografien der Gipsmodelle macht deutlich, dass der »Sitzende Jüngling« wohl von vorneherein keine Chance auf Realisierung gehabt haben mochte. Mit seinem statischen Habitus in aller Nacktheit und erkennbar entblößtem Geschlecht wirkte er wohl zu verletzlich, vielleicht auch zu provokativ. Vermutlich passten auch die beiden Diskutierenden nicht so ganz in ein hierarchisches Handlungsmuster, wenigstens aus dem Blickwinkel konservativer Gehorsamsvor-

---

199 BArch, BW 1/21443, Hochbauamt Hamburg an Oberfinanzdirektion, Landesbauabteilung vom 2.2.1959.

stellungen. Wie fast zu erwarten, votierte das aus Vertretern der Wehrbereichsverwaltung Kiel, der FüAkBw, dem Hochbauamt und der Hamburger Kunstkommission zusammengesetzte Begutachtungsgremium einstimmig für den Entwurf von Ruwoldt. Dem schloss sich das Bundesministerium für wirtschaftlichen Besitz des Bundes an, weil »allein das Modell für die Freiplastik ›Führung‹ nach Thema und Aufbau dem Charakter der Führungsakademie gerecht« werde.[200]

In der bildenden Kunst firmiert das Motiv eines Menschen, der ein Pferd am Zügel hält, freilich unter dem Begriff »Rossebändiger.« Als solches wurde es übrigens auch in der Festschrift der FüAkBw betitelt, die 1968 anlässlich deren zehnjährigen Hierseins in Hamburg erschien. Die Figurengruppe symbolisierte in der griechischen Mythologie ursprünglich die Macht der Menschen über die Natur. Das vielfach zu verschiedenen Zeiten immer wieder ausgeformte Motiv variierte dann auch in seiner Bedeutungszuschreibung. So steht es ebenso als Symbol für die Bezähmung der Leidenschaften oder Zügelung der Emotionen wie als Symbol für die »Kraft und Macht des die Kreatur beherrschenden Menschen«, offen je nach politischem Standpunkt oder Zweck. Falls den Vertretern von Bundeswehr und Bauverwaltung bei der Auftragsvergabe für den Rossebändiger eher eine »klassische Militärikonografie« vorgeschwebt haben sollte, dann erfüllte dies Hans Martin Ruwoldt kaum. Für ihn kam eine »symbolische Darstellung im Sinne des 19. Jahrhunderts« deshalb nicht in Frage, weil »ein solcher Versuch gar nicht an den Kern des Geforderten« herankäme.

Weil seiner Auffassung nach die militärische Führung außer den geistigen Aspekten auch immer etwas mit körperlicher Bewegung zu tun habe, räumte er der Darstellung der Bewegung einen gewissen Vorrang ein. Der leicht abstrahierten, schlichten Figur des Pferdehalters haftet nichts Martialisches an. Die Skulptur entspricht »der zeitmäßigen Tendenz, die menschliche Figur nicht als körperlich überlegenen Heroen darzustellen. Die Bildhauer gestalteten die Menschen eher archaisch und charakterisierten sie durch Verinnerlichung und Besonnenheit.«[201] So findet sich in Ruwoldts

200 BArch, BW 1/38001, Bundesministerium für wirtschaftlichen Besitz des Bundes an Oberfinanzdirektion Hamburg vom Juli 1960 (Entwurf).

201 Kurzdokumentation von 200 Kunst-am-Bau-Werken im Auftrag des Bundes von 1950 bis 1979, BSSR-Online-Publikation 12/2014, hrsg. v. Bundesinstitut für Bau-, Stadt- und Raumforschung im Bundesamt für Bauwesen und Raumordnung, Bonn 2014, S. 31 (https://www.bbsr.bund.de/BBSR/

Gipsmodelle von Freiplastiken für die FüAkBw

Bronze die Beherrschung des Tieres durch den Menschen als Allegorie für männliche Stärke und Überlegenheit allenfalls in Ansätzen. Er selbst schrieb hierzu über sein eigenes Werk:

> *Um nicht den Gedanken eines Rosselenkers aufkommen zu lassen, stellte der Künstler die zwei Körper parallel auf gleiche Ebene, und so haben beide Figuren den ihm zugeordneten Sinn in der Gesamtkomposition gleichwertig zu erfüllen.«* Und weiter: »*Diese Gegenüberstellung symbolisiert die Vermittlung von Haltung, Disziplin und Wissen, sie ist gedacht als Pädagogik auf höchster Ebene.*[202]

Die in zeitgemäßer Ausführung der frühen 1960er Jahre gegossene Bronzegruppe wurde schließlich nicht vor dem für die Generalstabslehrgänge des Heeres errichteten Gebäude aufgestellt, sondern vor demjenigen der Marine. Der Blick des Rossebändigers oder des Führers richtet sich auf diejenigen, die das Areal der FüAkBw betreten. Denen scheint er das in widerspenstiger Anmutung aufsteigende Tier auch zuzuführen.

Von noch größerer Spannung zeigte sich freilich das leider nicht mehr vorhandene Wandgemälde »Cannae«. Die 216 vor Christi Geburt stattge-

---

DE/Veroeffentlichungen/BBSROnline/2014/DL_ON122014.pdf;jsessionid=500E7A29EC9553E868EC9631DADA04A7.live11291?__blob=publicationFile&v=2; Zugriff am 17.6.2020).

202 Ebd., S. 282.

fundene Schlacht bei Cannae, in der das karthagische Heer unter Hannibal die überlege römische Armee vernichtet hatte, spielte in der deutschen Generalstabsausbildung seit dem 19. Jahrhundert eine ganz besonders große Rolle. Vordergründig ging es bei der kriegsgeschichtlichen Betrachtung dieses Ereignisses um das Thema Umfassung. Im preußischen Generalstab rezipierte man die Taktik Hannibals gleichsam mythisch als kriegsentscheidende Umfassungsschlacht. Namentlich der Chef des preußischen Generalstabs, Alfred von Schlieffen (1833–1913), entwickelte darüber eine Kriegführungsdoktrin, die unter dem Namen Schlieffen-Plan als eine Art Super-Cannae die strategische Unterlegenheit des Deutschen Reiches zu Beginn des Ersten Weltkrieges auf operativer Ebene auszugleichen suchte.[203] Bekanntlich scheiterte das Unternehmen 1914. Der Cannae-Mythos geisterte jedoch noch jahrzehntelang weiter durch die Generalstabsausbildung, auch international.

Das vom Hamburger Kunstmaler Ulrich Olaf Deimel (1916–1984), einem Experten für die hiesige Kunst am Bau, für die FüAkBw um 1200 DM geschaffene, großformatige Wandgemälde »Cannae« interpretierte in sehr reduzierter, abstrakt-farbiger Formensprache eben jenes Narrativ der Umfassung.[204] Ob die zeitgemäße Formensprache dieses »schematischen Strategiebildes« die Betrachter inspiriert hat, nicht nur über die Schlacht bei Cannae und ihre in den beiden Weltkriegen katastrophal endende Rezeption im deutschen Generalstab nachzudenken, sondern sich zu vergegenwärtigen, dass auch Hannibals Kriegszug gegen Rom in seiner eigenen Niederlage endete, wissen wir freilich nicht.

Militärische Tradition und Widerstand

Die bis heute am häufigsten anzutreffenden materiellen Inspirationsquellen sind die innerhalb der Gebäude verteilten Büsten von Persönlichkeiten aus der ausschließlich deutschen Militärgeschichte sowie die Namensgebung von verschiedenen Gebäuden bzw. Räumlichkeiten. Zuweilen sieht man

203 Vgl. Hans Ehlert, Michael Epkenhans u. Gerhard P. Groß (Hrsg.), Der Schlieffenplan. Analysen und Dokumente, Paderborn 2006.

204 Kurzdokumentation von 200 Kunst-am-Bau-Werken im Auftrag des Bundes, S. 24, 31 u. 261.

Hans Ruwoldt: »Die Führung«

auch Gemälde oder Fahnen. Anhand ihrer Ein- bzw. Anbringung kann einerseits die Imagination bzw. die Reklamation einer scheinbar weiter über die Gründung der Bundeswehr zurückreichenden Tradition deutscher Generalstabsausbildung verstanden werden. Andererseits versinnbildlichen verschiedene Artefakte eindeutig die sinnstiftenden Bezugsgrößen der Bundeswehr in sehr viel engerem Verständnis.

Vor dem Hintergrund der gewaltsamen deutschen Militärgeschichte in der ersten Hälfte des 20. Jahrhunderts war die Bundeswehr 1955 als Reformarmee angetreten. Auch wenn der preußische Militärreformer Gerhard von Scharnhorst (1755–1813) gewiss nichts mit den demokratischen Ankern der neuen deutschen Streitkräfte zu tun hatte, konnte er aufgrund seines damaligen Modernisierungsansatzes wohl als Reflexionsfolie für die Bundeswehr insgesamt genutzt werden. An seinem 200. Geburtstag am 12. November 1955 erhielten die ersten 101 Freiwilligen der Bundeswehr ihre Ernennungsurkunden ausgehändigt. Der große Saal im Offiziersheim der FüAkBw trägt seinen Namen. Aus der Riege der preußischen Militärreformer trat schließlich im Jahr 2000 August Neidhardt von Gneisenau (1760–1831) als Namensgeber für das Auditorium Maximum im Zentralen Hörsaalgebäude der FüAkBw hinzu.

Ulrich Olaf Deimel: »Cannae«

Dass die verschiedentlich anzutreffenden Büsten von und die Benennung des ehemaligen Kinosaals nach dem preußischen Feldmarschall Helmuth von Moltke als Anknüpfung einer tatsächlichen oder vielleicht nur scheinbaren Kontinuitätslinie an den Begründer eines zentralen Generalstabsdienstes im 19. Jahrhundert dienen sollten, bedarf vermutlich keiner weiteren Erklärung. Interessant auch im Sinne geistiger Offenheit ist allerdings, wenn Einsicht in eine falsche Erinnerungslogik zu Veränderungen Anlass gibt. Die nicht mehr im ehemaligen Lehrgebäude der Luftwaffe aufgestellte und inzwischen dem Militärhistorischen Museum der Bundeswehr übergebene Büste des Generalleutnants Walther Wever (1887–1936) ist ein beredtes Beispiel hierfür.

Als erster Chef des Generalstabes der nationalsozialistischen Luftwaffe, er fiel 1936 einem zu Teilen selbst mitverschuldeten Flugunfall zum Opfer, stand er bei den Angehörigen der militärischen Altelite der Bundes-Luftwaffe lange hoch im Kurs. Auf der gegenüberliegenden Seite des erinnerungspolitischen Spannungsbogens steht der zeitgleich mit Wever als Chef des Generalstabes des Heeres zunächst auch für die Kriegsrüstung des NS-

Regimes amtierende Generaloberst Ludwig Beck (1880–1944), späterhin ein Angehöriger des militärischen Widerstandes, dem die FüAkBw einen Saal gewidmet hat. Mithin ein Sinnbild für die Rolle und für die Verantwortung eines militärischen Führers gegenüber zerstörerischer Gewalt und Unmenschlichkeit.

Eine Aufforderung, genau darüber nachzudenken, begegnet den Absolventen des Generalstabslehrgangs gleich zweimal an der FüAkBw. Der ehemalige Kinosaal des LGKdos XI, jetzt ein Vortragssaal, ist nämlich nicht nur nach dem preußischen Feldmarschall Moltke benannt, sondern seit Jahrzehnten auch nach dessen Urgroßneffen Helmuth James von Moltke (1907–1945). Der Jurist Moltke steht für den politischen Widerstand gegen das NS-Regime, welchen er mit Gleichgesinnten im sogenannten »Kreisauer Kreis« – benannt nach dessen Schloss Kreisau (polnisch Kryzowa) – zu organisieren suchte. Nahezu täglich werden die Lehrgangsteilnehmer mit einem weiteren Exponenten des Widerstandes in Berührung gebracht, wenn sie ihr Lehrgebäude betreten, das ab 2004 nach dem Generalmajor Henning von Tresckow (1901–1944) benannt ist. Als Angehöriger des militärischen Widerstandes hat Tresckow nach dem 20. Juli 1944 auch persönliche Konsequenzen für sein Handeln oder eventuell für seine zu späte Einsicht, auch ein Tatbeteiligter des damaligen Unrechtregimes gewesen zu sein, gezogen.

Über die Büste des ersten Generalinspekteurs der Bundeswehr, General Adolf Heusinger (1897–1982), sie steht prominent im Foyer des Stabsgebäudes, lässt sich u. a. vordringen zum Nachdenkprozess jener militärischen Führungsgeneration, die ihren Weg aus der Verstrickung in die und ihrer Teilhabe an der nationalsozialistische Kriegführungspolitik hin zu einem Neuanfang deutscher Streitkräfte suchten, bei gleichzeitiger Akzeptanz der parlamentarischen Grundordnung und einer im Grundsatz auf Kriegsverhinderung abzielenden Sicherheitspolitik. In noch sehr viel tieferem Verständnis für das friedenserhaltende Gebot der Bundeswehr innerhalb einer westlichen Werte- und Bündnisgemeinschaft lassen sich der ehemalige Verteidigungsminister und NATO-Generalsekretär Manfred Wörner (1934–1994) und der ehemalige Generalinspekteur der Bundeswehr, Admiral Dieter Wellershoff (1933–2005), wohl verorten. Nach ersterem wurde 2000 das zentrale Hörsaalgebäude benannt. Letzterer war von 1981 bis 1984 Kommandeur der FüAkBw und stand als oberster Soldat während der Zeit des Zusammenbruchs des Ostblocks und der deutschen Einheit an der Spitze der Bundeswehr.

Henning von Tresckow

Die Aufforderung zur intellektuellen Auseinandersetzung um die Anwendung und um die Effekte militärischer Gewalt bündelt sich im Kontext der visuellen Elemente für die gesamte FüAkBw in einem Namen, das des preußischen Generals und Militärtheoretikers Carl von Clausewitz (1780–1831). Auch er gehörte als Mitglied der sogenannten Militärreorganisationskommission zu den Reformern um Scharnhorst im Zeitalter der Befreiungskriege gegen Napoleon. Mit seinem durchaus nicht in allem stringenten Buch »Vom Kriege«, das im Jahre 1832 von seiner Frau aus dem Nachlass herausgegeben worden war, versuchte er militärisches Gewalthandeln analytisch gerade auch mit einem Blick auf dessen politische wie gesellschaftliche Strömungsgrößen zu durchdringen. Seither dienen seine Erkenntnisse nicht nur auf Militärakademien als Quelle scheinbarer oder tatsächlicher überzeitlicher Inspiration sowie gar als handlungsleitende Maxime.[205]

Angesichts dessen weltumspannender Rezeption überrascht es doch etwas, dass die FüAkBw erst 1977 Carl von Clausewitz als Namensgeber für ihre Liegenschaft in Blankenese reklamierte. Wie es scheint, kam ein Impuls dazu aus dem Kreis von Teilnehmern des Generalstabslehrgangs, die sich in einer Lehrgangsarbeit 1973 dazu äußerten. Vor dem Hintergrund der Diskussionen um eine Neuordnung der FüAkBw in 1970er Jahren schlugen sie

205 Exemplarisch Christopher Bassford, Clausewitz in English. The Reception of Clausewitz in Britain and America, Oxford 1994 (http://www.clausewitz.com/readings/Bassford/CIE/TOC.htm; Zugriff am 17.6.2020). Vgl. auch Lennart Suchon, Carl von Clausewitz. Strategie im 21. Jahrhundert, Hamburg u. a. 2012.

u. a. eine zusätzliche Namensgebung »als Ausdruck lebendiger Tradition (z. B. Carl-von-Clausewitz-Akademie)« vor.[206] Anfang Januar 1977 informierte der Standortkommandant von Hamburg die Senatskanzlei, dass die FüAkBw die bisher namenlose Liegenschaft an der Manteuffelstraße als Clausewitz-Kaserne[207] benennen wolle. Obwohl die Namensgebung keiner Zustimmung von Landes- oder Ortsbehörden bedurfte, erlaubte sich der Standortkommandant »im Hinblick auf die guten Beziehungen zwischen der Freien und Hansestadt Hamburg und der Bundeswehr gleichwohl die Anfrage, ob gegen diese Absicht des Bundesministers der Verteidigung Einwände geltend gemacht werden«.[208] Natürlich erhob die zuständige Innenbehörde keine Einwendungen.

Im Zusammenhang mit der Namensgebung übergab am 20. Juni 1977 der damalige Vorsitzende der Clausewitz-Gesellschaft, General a. D. Ulrich de Maizière (1912–2006), er war u. a. von 1962 bis 1964 Kommandeur der FüAkBw und zwischen 1966 und 1972 Generalinspekteur der Bundeswehr gewesen, der Führungsakademie eine Clausewitz-Büste. Dabei richtete er bemerkenswerte Worte an die Versammelten, indem er einmal mehr die geistige Auseinandersetzung um den Zweck militärischen Gewalthandelns als eines Vermächtnisses von Clausewitz hervorhob. Zugleich betonte er, dass »Kasernen-Namen zu einem gedankenlos gebrauchten Dekorum werden (…), wenn wir den Namensgeber nicht immer wieder in unsere Gegenwart holen. Tradition, die für uns etwas bieten soll, muss durch unser Fragen stets neu zum Reden gebracht werden.«[209]

Unter Bezugnahme darauf, dass Clausewitz ab 1818 bis 1830 als Direktor der Allgemeinen Kriegsschule in Berlin, so die Bezeichnung der damaligen Kriegsakademie, lediglich zu verwalten hatten und ihm als kritischem Geist zu Lehren untersagt gewesen sei, folgerte der Redner: »Er war seinen Vorgesetzten zu unabhängig. Sein geistiger Einfluss wurde seiner Generation zum Nachteil seines Landes entzogen. Wir lernen aus seinem Bespiel: Aus-

206 Fachinformationsstelle FüAkBw, W3240, Lehrgangsarbeit Prause, Hammel, Mellinger, Willmann, Tradition und Selbstverständnis der Führungsakademie der Bundeswehr. Vorschläge im Hinblick auf eine erweiterte Bundeswehr, 1973.

207 Im engeren Sinn handelt es sich bei der Clausewitz-Kaserne um keine Kaserne, bezeichnet dieser Begriff doch eine Truppenunterkunft.

208 StAHH, 136-1_1799, Standortkommandant Hamburg an Senatskanzlei vom 5.1.1977.

209 FüAkBw, Redemanuskript Ulrich de Maizière vom 20.6.1977.

bildung von Führer-Nachwuchs lässt sich niemals ohne die freie, schöpferische und verantwortliche Lehre geistig unabhängiger Offiziere und Dozenten bewirken.« Seine kurze Adresse beendete de Maizière mit Worten, in denen er den Bedeutungsgehalt der Namensgebung »Clausewitz-Kaserne« für die hier Lehrenden und Lernenden hervorhob:

> *Sein Name für diese Kaserne bedeutet Aufgabe und Verpflichtung, Soldaten und Staatsbürger zu erziehen, die zu jedem Opfer bereit sind für die Erhaltung des Friedens, als Führer aber nicht nur den Mut haben, es zu äußern, sich bewusst seien, dass es Frieden nicht gibt ohne Freiheit, persönliche Freiheit und politische Freiheit.*

Es war keineswegs sicher, ob Streitkräfte der Bundesrepublik Deutschland, über die man seit Beginn der 1950er Jahre aufgrund der krisenhaften Umstände des Kalten Krieges international wie national verhandelte, eine Einrichtung zur Ausbildung von Generalstabsoffizieren erhalten sollten. Zu sehr lastete das historische Verdikt der Tatbeteiligung am nationalsozialistischen Eroberungs- und Raubkrieg auf dieser Berufsgruppe. Nachdem eine geplante Europaarmee mit gemeinsamem Generalstab und gemeinsamer Generalstabsausbildung nicht zustande gekommen war, machten militärische Notwendigkeiten eine solche Ausbildungseinrichtung nolens volens für die Bundeswehr erforderlich.

Lange war auch nicht klar, wo diese Ausbildung stattfinden sollte. Dass Hamburg letztlich den Zuschlag erhielt, lag weniger am Antichambrieren der Freien und Hansestadt im Bundesministerium der Verteidigung, sondern – entscheidend – an der kostengünstigen Verfügbarkeit des ehemaligen LGKdos XI, den damaligen Uxbridge Barracks. Mit dem Beginn der Generalstabsausbildung am 28. Oktober 1958 in Hamburg-Blankenese verbanden und zeigten sich in vielfältiger Art und Weise die Reformansätze der neuen westdeutschen Streitkräfte. So präsentierten sich die für Lehrzwecke neu errichteten Gebäude in zeitgemäß reduzierter Funktionalität, sichtbare Zeichen einer Distanz zur vorangegangenen Epoche.

Die Verpflichtung auf den demokratischen Rechtsstaat und auf den Frieden als Staatsziel schrieb Bürgermeister Max Brauer bei der Grundsteinlegung der Hörsaalgebäude den hier auszubildenden Offizieren in das Stammbuch. Um einer Engstirnigkeit militärischen Technokratentums nicht mehr Vorschub zu leisten, wie es vom damaligen Generalinspekteur der Bundeswehr für die Generalstabsausbildung in der Wehrmacht aufgrund seiner eigenen Erfahrungen festgehalten wurde, sollte die Lehre an der Führungsakademie auf eine wissenschaftlich-rationale Grundlage gestellt sein. Dafür steht von Beginn an die Devise auf dem Wappen der Führungsakademie, wonach der Geist die Materie bewege. Mit der Benennung der Liegenschaft in Blankenese nach dem Militärtheoretiker Carl von Clausewitz im Jahre 1977 wurde der intellektuelle Anspruch noch einmal unterstrichen.

Das Austarieren akademischer Bildung und militärischer Ausbildung ging, über die Zeitläufte hinweg und besonders in den Anfangsjahren, nicht immer reibungslos vonstatten, lagen beide Notwendigkeiten für Offiziere im Generalstabsdienst zuweilen doch in bewegter Konkurrenz zueinander. Außer Frage stand jedoch immer, dass außer dem Wie das Wozu militärischen Gewalthandelns und seiner Folgen im Lichte der deutschen Geschichte gerade des 20. Jahrhunderts einer geistigen Durchdringung bedurfte. Um dies zu unterstützen, vermögen verschiedentlich hier aufgestellte Büsten und Benennungen von Gebäuden oder Hörsälen eine auf den demokratischen Wertmaßstab abzielende Sinnstiftung hinwirken.

Anhang

Abkürzungen

Bw Bundeswehr
BArch Bundesarchiv
FüAkBw Führungsakademie der Bundeswehr
GVG Hamburger Grundstücks-Verwaltungsgesellschaft von 1938 m.b.H.
LGKdo Luftgaukommando
StAHH Staatsarchiv Hamburg

Archive

Führungsakademie der Bundeswehr, Hamburg
Bundesarchiv, Abteilung Militärarchiv, Freiburg i. Br.
Feuerwehr Hamburg
Staatsarchiv Hamburg

Literatur

Adenauer: »Wir haben wirklich etwas geschaffen.« Die Protokolle des CDU-Bundesvorstandes 1953–1957, bearb. v. Günter Buchstab, Düsseldorf 1990

Ahrens, Michael, Die Briten in Hamburg. Besatzerleben 1945–1958, Hamburg 2011

Ärztinnen im Kaiserreich und in der Weimarer Republik, hrsg. vom Institut für Geschichte der Medizin und Ethik in der Medizin, Charité, Berlin 2015. (https://geschichte.charite.de/; Zugriff am 17.6.2020)

Asendorf, Manfred, 1945. Hamburg besiegt und besetzt, Hamburg 1995

Auer, Georg, Die Spruchtätigkeit der NS-Militärjustiz und die Vollstreckung wehrmachtgerichtlicher Todesurteile in Hamburg, in: Wehrmacht und Konzentrationslager, hrsg. v. KZ-Gedenkstätte Neuengamme, Bremen 2012, S. 158–189 (Beiträge zur Geschichte der nationalsozialistischen Verfolgung in Norddeutschland, Bd. 13)

Der Ausruf in Hamburg vorgestellt in einhundert und zwanzig colorirten Blättern von Professor Suhr, Hamburg 1808

Bahnsen, Uwe, Schütte, Gisela, Bewahrung im Wandel. 125 Jahre Villenanlage Hochkamp. Ein Jahrhundert Verein Hochkamp e. V., 2018

Bajohr, Frank, »Arisierung« in Hamburg. Die Verdrängung jüdischer Unternehmer 1933–1945, Hamburg 1997

Bajohr, Frank, Von der Ausgrenzung zum Massenmord, Die Verfolgung der Hamburger Juden 1933–1945, in: Hamburg im ›Dritten Reich‹, hrsg. v. Forschungsstelle für Zeitgeschichte in Hamburg, Göttingen 2005, S. 471–518

Bald, Detlef, Generalstabsausbildung in der Demokratie. Die Führungsakademie der Bundeswehr zwischen Traditionalismus und Reform, Koblenz 1984

Bartels, Olaf, Eine hamburgische Landhausarchitektur, in: Villen und Landhäuser.

Bürgerliche Baukultur in den Hamburger Elbvororten von 1900 bis 1935, hrsg. v. Hans Bunge und Gert Kähler, München, Hamburg 2012, S. 97–113

Bassford, Christopher, Clausewitz in English. The Reception of Clausewitz in Britain and America, Oxford 1994 (http://www.clausewitz.com/readings/Bassford/CIE/TOC.htm; Zugriff am 17.6.2020)

Die Bauverwaltung. Zeitschrift für behördliches Bauwesen, 9. Jg. H. 8, August 1960

Die Bomber kamen bald jede Nacht. Luftschutz, Luftabwehr und Luftangriffe 1933/45 im Städtedreieck Hamburg-Lübeck-Neumünster, hrsg. v. Arbeitskreis Geschichte im Amt Trave-Land, Duderstadt 2009

Boog, Horst, Die deutsche Luftwaffenführung 1935–1945, Stuttgart 1982.

Bose, Michael u. a., »… ein neues Hamburg entsteht …«. Planen und Bauen von 1933–1945, Hamburg 1986

Das Deutsche Reich und der Zweite Weltkrieg, 10 Bde., hrsg. v. Militärgeschichtliches Forschungsamt, Stuttgart, München 1978–2008

Deutsche jüdische Soldaten. Von der Epoche der Emanzipation bis zum Zeitalter der Weltkriege, hrsg. v. Militärgeschichtliches Forschungsamt, Hamburg, Berlin, Bonn 1996

Dittrich, Elke, Ernst Sagebiel. Leben und Werk 1892–1970, Berlin 2005

Donath, Matthias, Hamburg 1933–1945. »Führerstadt« an der Elbe. Ein Architekturführer, Petersberg 2011

Dönitz, Karl, Zehn Jahre und zwanzig Tage, München 1977

Endres, Robert, Dokumentation zum Verbleib der deutschen Luftwaffenakten, o. O. 1968

Fischer-Radizi, Doris, Vertrieben aus Hamburg. Die Ärztin Rahel Liebeschütz-Plaut, Göttingen 2019

Hackl, Otmar, Die Generalstabsausbildung des Heeres vom Sommer 1944 bis Frühjahr 1945, Osnabrück 2001

Hampe, Erich, Der zivile Luftschutz im Zweiten Weltkrieg. Dokumentation und Erfahrungsberichte über Ausbau und Einsatz, Frankfurt a. M. 1963

Hampel, Thomas, Flugplatz Kaltenkirchen. Geschichte eines Einsatzhafens (http://www.luftfahrtspuren.de/kaki.htm; Zugriff am 17.6.2020)

Heitmann, Jan, Das Ende des Zweiten Weltkrieges in Hamburg. Die kampflose Übergabe der Stadt an die britischen Truppen und ihre Vorgeschichte, Frankfurt a. M. u. a. 1990

Howell, Esther-Julia, Von den Besiegten lernen? Die kriegsgeschichtliche Kooperation der U.S. Armee und der ehemaligen Wehrmachtselite 1945–1961, Berlin 2015

Jochmann, Werner, Loose, Hans-Dieter, Hamburg. Geschichte der Stadt und ihrer Bewohner, 2 Bde., Hamburg 1986

Das jüdische Hamburg. Ein historisches Nachschlagewerk, hrsg. v. Institut für die Geschichte der deutschen Juden (http://www.dasjuedischehamburg.de/; Zugriff am 17.6.2020)

Kähler, Gert, Skizzen zu Politik und Gesellschaft in den Elbvororten 1900 bis 1935, in: Villen und Landhäuser. Bürgerliche Baukultur in den Hamburger Elbvororten von 1900 bis 1935, hrsg. v. Hans Bunge und Gert Kähler, München, Hamburg 2012, S. 7–25

Kaienburg, Hermann, »Vernichtung durch Arbeit.« Der Fall Neuengamme, Bonn 1990

Kaiser, Hans Joachim, Kriegsende an der Elbe. Das Ende der Kampfhandlungen im Mai 1945 und die militärische Besetzung Schleswig-Holsteins durch das VIII. britische Korps, Kiel 1994

Keller, Rolf, Sowjetische Kriegsgefangene im Deutschen Reich 1941/42. Behandlung und Arbeitseinsatz zwischen Vernichtungspolitik und kriegswirtschaftlichen Zwängen, Göttingen 2011

Kempler, Cheryl, Imprisioned on the Isle of Man. Jewish Refugees Classified as »Enemy Aliens«, in: B'nai B'rith International Magazine, August/June 2017 (https://www.bnaibrith.org/past-magazine-articles/imprisoned-on-the-isle-of-man-jewish-refugees-classified-as-enemy-aliens; Zugriff am 17.6.2020)

Kriegsende in Hamburg. Eine Stadt erinnert sich, hrsg. v. Pelc, Ortwin, Hamburg 2005

Kurzdokumentation von 200 Kunst-am-Bau-Werken im Auftrag des Bundes von 1950 bis 1979, BSSR-Oline-Publikation 12/2014, hrsg. v. Bundesinstitut für Bau, Stadt- und Raumforschung im Bundesamt für Bauwesen und Raumordnung, Bonn 2014 (https://www.bbsr.bund.de/BBSR/DE/Veroeffentlichungen/BBSROnline/2014/DL_ON122014.pdf;jsessionid=500E7A29EC9553E868EC9631DADA04A7.live11291?__blob=publicationFile&v=2; Zugriff am 17.6.2020)

Lorenz, Ina, Berkemann, Jörg, Die Hamburger Juden im NS-Staat 1933–1938/39, Göttingen 2016

Lumma, Timo, Die Luftmunitionsanstanstalt 6/XI Bostedt 1937–1945, 2005 (https://www.relikte.com/damme/index.htm; Zugriff am 6.1.2020)

Mager, Olaf, Die Stationierung der britischen Rheinarmee. Großbritanniens EVG-Alternative, Baden-Baden 1990

Martens, Holger, Arndt, Henriette, in: Hamburgische Biografie, Bd. 4, Göttingen 2008

Meller, Hugh, Parsons, Brian, London Cemeteries: an illustrated guide and gazetteer, The History Press, 2008

Messerschmidt, Manfred, Die Wehrmachtjustiz 1933–1945, Paderborn u. a. 2005

Meyer, Georg, Zur Situation der deutschen militärischen Führungsschicht im Vorfeld des westdeutschen Verteidigungsbeitrages 1945–1950/51, in: Anfänge westdeutscher Sicherheitspolitik 1945–1956, Bd. 1, hrsg. v. Militärgeschichtliches Forschungsamt, München, Wien 1982, S. 577–735

Meyer, Georg, Adolf Heusinger. Dienst eines deutschen Soldaten 1915 bis 1964, Hamburg u. a. 2001

Neue militärische Blätter, V. Band, zweites Semester 1874, Berlin 1874
NS-Militärjustiz im Zweiten Weltkrieg. Disziplinierungs- und Repressionsinstrument in europäischer Dimension, hrsg. v. Bade, Claudia, Skowronski, Lars, Viebig, Michael, Göttingen 2015
Pauli R., Szirany J., Groß D., Der Pathologe Philipp Schwartz (1894–1977), in: Der Pathologe 4 (2019)
Pritzlaff, Christiane, Henriette Arndt, eine jüdische Lehrerin in Hamburg, in: »Den Himmel zu pflanzen und die Erde zu gründen.« Die Joseph-Carlebach-Konferenzen. Jüdisches Leben. Erziehung und Wissenschaft, hrsg. v. Gillis-Carlebach, Miriam, Grünenberg, Wolfgang, Hamburg 1995, S. 225–237
Der Prozess gegen die Hauptkriegsverbrecher vor dem Internationalen Gerichtshof Nürnberg, Bd. 1, Nürnberg 1947
RAF Narrative, The Liberation of North West Europe, Vol. V: From the Rhine to the Baltic, 1 October 1944-8 May 1945 (https://www.iwm.org.uk/collections/item/object/1500026308; Zugriff am 6.1.2020)
Reinhardt, Klaus, Generalstabsausbildung in der Bundeswehr. Zur Konzeption und Entwicklung der Führungsakademie der Bundeswehr, Herford u. a. 1977
Reinke, Andreas, B'nai B'rith, in: Enzyklopädie jüdischer Geschichte und Kultur, Band 1: A–Cl., hrsg. v. Diner, Dan, Stuttgart, Weimar 2011, S. 365–369
Rocke, Helmut, Leistungen der Bundesrepublik Deutschland für die ausländischen Streitkräfte, in: Die finanzielle Liquidation des Krieges beim Aufbau der Bundesrepublik Deutschland, Bonn 1961
Schiller, Peter u. a., Die Luftwaffe zum Kriegsende in Schleswig-Holstein, Bad Segeberg 2008
Der Schlieffenplan. Analysen und Dokumente, hrsg. v. Ehlert, Hans, Epkenhans, Michael, Groß, Gerhard P., Paderborn 2006
Schmidt, Wolfgang, Nutzung und Bauform von Kasernenbauten in den dreißiger Jahren, in: Militärbauten und Denkmalpflege (Arbeitsheft der rheinischen Denkmalpflege 54), hrsg. v. Udo Mainzer, Essen 2000, S. 35–56
Schmidt, Wolfgang, Integration und Wandel. Die Infrastruktur der Streitkräfte als Faktor sozioökonomischer Modernisierung in der Bundesrepublik 1955 bis 1975, München 2006
Schoeps, Julius H., Die mißglückte Emanzipation. Zur Tragödie des deutsch-jüdischen Verhältnisses, in: Deutsche Jüdische Soldaten. Von der Epoche der Emanzipation bis zum Zeitalter der Weltkriege, hrsg. v. Militärgeschichtliches Forschungsamt, Hamburg, Berlin, Bonn 1996, S. 29–38
Schroiff, Günter, Der Deutsche im Schatten des Holocaust, Gelnhausen 2004
Suchon, Lennart, Carl von Clausewitz. Strategie im 21. Jahrhundert, Hamburg u. a. 2012
Tessin, Georg, Verbände und Truppen der deutschen Wehrmacht und Waffen-SS im Zweiten Weltkrieg 1939–1945, Bd. 3: Die Landstreitkräfte 6–14, Frankfurt a. M. 1967, S. 197–198

Thoß, Bruno, NATO-Strategie und nationale Verteidigungsplanung. Planung und Aufbau der Bundeswehr unter den Bedingungen einer massiven atomaren Vergeltungsstrategie (1952–1960), München 2006

Watson, Graham E., Rinaldi, Richard A., The British Army in Germany (BAOR and after): An Organizational History 1947–2004, o. O. 2005

Wegner, Bernd, Erschriebene Siege. Franz Halder, die »Historical Division« und die Rekonstruktion des Zweiten Weltkrieges im Geiste des deutschen Generalstabes, in: Politischer Wandel, organisierte Gewalt und nationale Sicherheit. Beiträge zur neueren Geschichte Deutschlands und Frankreichs – Festschrift für Klaus-Jürgen Müller, hrsg. v. Hansen, Ernst Willi, Schreiber, Gerhard, Wegner, Bernd, München 1995, S. 287–302

Verantwortung für Hamburg – 90 Jahre SAGA GWG 1922–2012, o. O. o. J., S. 45 (http://epub.sub.uni-hamburg.de/epub/volltexte/2014/26812/pdf/Verantwortung_fxr_Hamburg_90_Jahre_SAGA_GWG_Broschxre.pdf; Zugriff am 14.1.2020)

Voigt, Wolfgang, Von der Postbauschule zur Luftwaffenmoderne, in: Robert Vorhoelzer – Ein Architektenleben. Die klassische Moderne der Post, hrsg. v. Florian Aicher und Uwe Depper, München 1990, S. 162–167

Weihsmann, Helmut, Bauen unterm Hakenkreuz. Architektur des Untergangs, Wien 1998

Wendt, Joachim, Die Lichtwarkschule in Hamburg (1921–1937). Eine Stätte der Reform des höheren Schulwesens, Hamburg 2000

Werle, Gerhard, Strafrecht als Waffe. Die Verordnung gegen Volksschädlinge vom 5. September 1939, in: Juristische Schulung (1989), S. 952–958

Wette, Wolfram, Fall 12. Der OKW-Prozeß, in: Der Nationalsozialismus vor Gericht. Die alliierten Prozesse gegen Kriegsverbrecher und Soldaten 1943–1952, hrsg. v. Ueberschär, Gerd R., Frankfurt a. M. 1999, S. 199–212

Wette, Wolfram, Deserteure der Wehrmacht rehabilitiert. Ein exemplarischer Meinungswandel in Deutschland (1980–2002), in: Zeitschrift für Geschichtswissenschaft 52 (2004), S. 505–527

Wiegand, Wolf Achim, Hamburg-Blankenese im Wandel, Erfurt 2012

Zehn Jahre Führungsakademie der Bundeswehr, Hamburg 1967

Über den Autor

Oberst Dr. Wolfgang Schmidt ist Leiter des Fachgebietes Bundeswehr, Gesellschaft, Geschichte in der Fakultät Politik, Strategie und Gesellschaftswissenschaften an der Führungsakademie der Bundeswehr.

Verzeichnis der Abbildungen

Der Förderkreis Historisches Blankenese e. V. hat es sich zum Ziel gesetzt, die wechselvolle Geschichte der Elbgemeinden im Hamburger Westen zu erforschen. Er steht offen für alle, die an der Vergangenheit dieser Gegend und an der Verbreitung des Wissens darüber interessiert sind. In Form von Ausstellungen, Vorträgen, Führungen, Diskussionen und Publikationen werden die verschiedensten Aspekte, Themen und Orte der Blankeneser Geschichte der Öffentlichkeit vorgestellt. Unser Ziel ist es, Interesse an Heimat und Geschichte zu wecken, allen Bewohnern Ansatzpunkte für eine kritische Identifikation mit den Elbgemeinden zu geben und Lokalgeschichte neu zu denken.

Zusammen mit dem KJM Buchverlag gibt der Förderkreis die EDITION GEZEITEN heraus. In dieser Buchreihe werden wissenschaftliche Texte zur norddeutsche Geschichte und Kultur, speziell zur Geschichte der Unterelbe, der anliegenden Landschaften und ihrer Menschen herausgegeben.

Kontakt:

Dr. Jan Kurz
historisches@blankenese.de